欧洲与德国新挑战

姜 锋 著

创于1897
商务印书馆
The Commercial Press

前　言

　　本书收集了我 2014 年以来公开发表的关于德国和欧洲问题以及中德、中欧关系的部分评论文章。现结集出版，希望能给读者们呈现出多方位、比较深入的观察角度，表达我对欧洲、德国，以及中德、中欧关系的认识和理解，分享一些我对当下深刻变化的世界的管见。

　　本书在编排时兼顾议题归类和时间前后排序，全书分为三大部分，即"欧洲和德国的内部挑战""欧洲和德国的对外关系""中欧中德关系"，力求文章与文章之间有一定的内在联系。

　　借此机会衷心感谢商务印书馆领导以及编辑老师们为本书的出版提供的大力支持；感谢《环球时报》《解放日报》《文汇报》《世界知识》《国际观察》《人民周刊》等报刊和"观察者网"等网站的编辑们；感谢我的同事和家人提供的建议和协助。

　　由于时间仓促和水平所限，本书难免会有疏漏和瑕疵，诚挚期待读者和专家们批评指正，切磋交流。

姜　锋

2020 年 10 月于上海

目 录

代 序

作为幻像的"西方"最终去向何方？ ························ 1

第一部分　欧洲和德国的内部挑战

一、欧洲政治与社会 ····························· 9

（一）欧洲政治与社会矛盾 ····················· 9

1. 欧洲传统政治危机叠加 ················· 9

2. 欧洲社会结构性问题凸显 ············· 19

3. "左中右"视角掩盖欧美社会矛盾 ······ 23

（二）全球治理体系与难民危机 ·············· 28

1. 欧美全球治理体系的结构性缺陷 ······ 28

2. 欧洲难民危机的根源 ················· 30

（三）法德轴心 ····························· 34

1. 法德重振欧洲的阻力 ················· 34

2.《亚琛条约》与法德领导地位 ·········· 38

3. 马克龙执政中的问题 ················· 41

4. "黄背心"运动与分裂的法国社会 ·········· 44

二、德国政治与社会 ……………………………………… 51

（一）德国难民政策 …………………………………… 51

　1. "科隆事件"暴露政策漏洞 ……………………… 51

　2. 默克尔难民政策"失算" ………………………… 54

（二）德国政府 ………………………………………… 57

　1. 地方选举结果的警示 …………………………… 57

　2. 德国的"扩军"计划 ……………………………… 60

　3. "后真相时代" …………………………………… 62

　4. 联邦议会选举与德国政治生态 ………………… 65

　5. 足球与德国政治 ………………………………… 69

（三）德国社会 ………………………………………… 71

　1. 国内安全挑战 …………………………………… 71

　2. 技术移民政策 …………………………………… 74

　3. 以"分"为主的德国政治与社会 ………………… 79

　4. 历史虚无主义的禁区 …………………………… 90

　5. 德国未来教育政策走向 ………………………… 92

　6. 德国高等教育改革 ……………………………… 98

第二部分　欧洲和德国的对外关系

一、欧洲对外关系 ……………………………………… 111

（一）欧美关系 ………………………………………… 111

　1. 欧美关系的不确定性 …………………………… 111

2. 美伊关系中的欧盟 ················· 114

3. 美国新霸权对欧洲利益的影响 ·········· 119

4. 欧洲对俄政策的调整 ··············· 121

5. 不断上升的欧美贸易摩擦 ············ 125

（二）欧洲的世界观 ················· 128

1. 欧盟世界观的"利益化" ············ 128

2. 欧洲的"寻敌"思维 ··············· 136

3. "军事欧盟"建设 ················· 139

4. 欧洲需要新的"时代精神" ··········· 143

5. 欧洲重振只能靠人文而非武功 ········· 148

二、德国外交 ···················· 155

1. "价值联盟"小圈子 ··············· 155

2. 欧美贸易战难以避免 ·············· 158

3. 谨慎的军事外交政策 ·············· 162

4. 德国外交理念的调整 ·············· 167

5. 德国外交需要新视角 ·············· 171

第三部分　中欧中德关系

一、中欧关系 ···················· 183

（一）欧洲的中国认知 ··············· 183

1. 欧洲精英一再错看中国 ············· 183

2. 欧洲抹黑中国的"假命题" ··········· 187

3. 欧洲对华感觉和实践严重脱节 ················· 190

4. 欧盟出台限制中国投资的政策 ················· 193

5. 欧洲对"一带一路"倡议的认知 ············· 197

（二）中欧共同责任 ··················· 205

1. 第二十次中欧领导人会晤《联合声明》的解读 ······

·················· 205

2. 英国"脱欧"后的中欧关系 ············· 209

3. 中欧之间的话语赤字问题 ··············· 211

4. 中欧关系的三个"史无前例" ············· 216

5. 中欧关系的全球意义 ················· 220

二、中德关系 ························· 225

1. 德国前总理施密特的思想遗产 ············· 225

2. 基民盟主席卡伦鲍尔的"中国缘" ········· 227

3. 第三方干扰下的中德经贸关系 ············· 233

4. 中德关系中的"杂音" ··············· 235

5. 2018 年默克尔访华 ················· 237

6. 2019 年默克尔访华 ················· 240

7. 德国 5G 建设与中德经贸关系 ············· 245

8. 中德关系需要回归理性与务实 ············· 248

附　录

Neuer Blickwinkel gefragt—Die deutsche Außenpolitik braucht
eine Philosophie ···················· 253

A Chinese Perspective on German Foreign Policy ········· 266

Europe Shouldn't Judge China on grounds of "Intelligence

Reports" ·· 278

Mit Masken macht man doch keine Politik—Statt über globale

Abhängigkeiten zu lamentieren, sollte die Welt an einem

Strang ziehen ·································· 283

后 记

疫情与中欧中德关系的未来 ······························· 291

代 序

作为幻像的"西方"最终去向何方？[1]

　　慕尼黑安全会议曾经被看作是战后西方世界军事安全的思想库和俱乐部,刚刚结束的 2020 年度会议继续沿着西方中心的视角讨论世界。与以往不同的是,近年来的慕安会透视着"西方"的焦虑。本年度的会议在此前"后西方"的基础上更进一步,核心的讨论和交锋均围绕"西方的缺失"(Westlessness)展开。如果沿着这个"西方"视角继续观察下去,必然产生的问题是:西方为何缺失？缺失了什么？缺失后的西方是什么？

　　为何缺失？慕安会报告[2]透出的判断是,西方习以为常的"西方"正在遭受来自其内部和外部的挑战,西方内部在深刻分裂,而非西方世界在迅速崛起,西方无力应对由此带来的挑战,尤其是应对非西方的崛起。

　　无论是报告还是会议的主要讨论,都充斥着浓烈的对自己的不满和对未来的无奈,流露着夕阳西下的感伤,这也

---

① 本文曾刊载在 2020 年 2 月 18 日观察者网,此处略做修订。
② 2020 年慕安会报告内容,见 https://securityconference. org/assets/user_upload/MunichSecurityReport2020. pdf。

正符合百年前斯宾格勒(Oswald Spengler)《西方的没落》所描述的场景。由此,可以理解慕安会主报告为何一开头就引用了《西方的没落》。

然而,难以理解的是,斯宾格勒的立论不是针对非西方的崛起,而是西方文化自身,他甚至警告西欧人不要陷于西方中心论观点:选定某一点就当作中心太阳,光照万物,以为世界历史就在其中演进,这实则是习以为常但自欺欺人的"光学幻像"。① 看来,欧洲要认识自己还需要跳出这个幻像,脚踏实地地考察自身的问题。

其一,欧洲应该看到现在的"西方"是冷战时期分别以美国和苏联为首的东西方两大集团,在意识形态和军事安全领域敌对的产物,即,慕安会讨论的"西方"是冷战时军事对立中形成的概念。冷战结束后,对立的另一方"东方"已经消亡,而且多数原来属于"东方"的国家也融入了"西方",这就意味着"西方"随之丧失了存在的逻辑前提与合理性。

一个基于军事安全价值定义的组织,寻找敌人是本能的行为,是其身份认同的标志,换句话说,就是必须有敌人,

---

① „Man wählt eine einzelne Landschaft zum natürlichen Mittelpunkt eines historischen Systems. Hier ist die Zentralsonne. Von hier aus erhalten alle Ereignisse der Geschichte ihr wahres Licht. Von hier aus wird ihre Bedeutung perspektivisch abgemessen. Aber hier redet in Wirklichkeit die durch keine Skepsis gezügelte Eitelkeit des westeuropäischen Menschen, in dessen Geiste sich dies Phantom »Weltgeschichte« entrollt. Ihr verdankt man die uns längst zur Gewohnheit gewordene ungeheure optische Täuschung ... ", in Oswald Spengler, *Der Untergang des Abendlandes*, München, 1963, S. 21 – 24.

以此获得自身存在的合法性,去说服自己的人民为此承担巨额的财政和社会负担。

但是,面对不断增加的税费负担,民众想要弄清楚的是:为什么要向欧盟缴纳各国 GDP 1%以上的税?为什么一定要向北约交纳高达各国 GDP 2%的费用?为什么欧盟少数国家基于"假想敌"的地缘政治野心却要让所有欧盟成员国来支撑?显然,一个形而上、模糊的"非西方挑战"很难说服民众、说清自己,也很难让世界理解。

其二,欧洲应该明白现在"西方"精英阶层内部的分歧和分裂也源于自身模糊的定义。"西方"问题的核心是欧洲和美国之间的问题,慕安会上大家都在大谈"西方",但都在谈各自的西方。

德国总统施泰因迈尔(Frank-Walter Steinmeier)责怪美国的离弃使西方陷入困境,这点出了西方问题的要害,即,它是建立在美国意志和利益基础上的安全大厦,对美国而言,它是实现自身战略利益的多个工具之一,但对欧洲而言却是赖以维系安全的基础大厦。美国国务卿蓬佩奥(Mike Pompeo)则针锋相对,在他看来,唱衰大西洋联盟就是谎言,他坚信"西方会赢",这听上去更像是调侃欧洲①。欧洲人应该明白,现如今已经不存在咄咄逼人的东方集团,欧洲的问

---

① 斯泰因迈尔与蓬佩奥之间的争论,见德国电视二台的报道:https://www.zdf.de/nachrichten/politik/muenchner-sicherheitskonferenz-weltlage - 100. html。

题不再是美国的问题,从欧洲的战略撤退对面临国内外挑战不断加剧的美国而言,是自然而然的选择,欧洲的失落需要欧洲人自我医治。

欧洲人应该清醒的是,欧洲自己对"西方"的忠诚度和美国对欧洲的信任度都建立在各自的利益根基上,所谓"价值联盟"是听得见却摸不着的"存在"。德国联邦议会议长朔伊布勒(Wolfgang Schäuble)说得更清楚:欧洲不想选择华盛顿或北京的制度模式,而是要走自己的路。美国则始终不渝地对欧洲采取分用兼施策略,划分"新老欧洲"和鼓励"脱欧"无不显示出美国近年来分化和分裂欧洲的努力。

其三,欧洲应该认识到,"西方"不是剔除瑕疵后完美的制度标准,它在历史上给人类文明做出过巨大贡献,也给人类带来过深重灾难,现代化离不开欧洲的智慧和发明,但两次世界大战和殖民时期对殖民地的破坏,在讨论世界未来时也很难被忘却。

慕安会后,德国召集多国代表推动利比亚和平进程,这是对"西方"现状的一个有象征意义的注解。应该对德国的努力给予鼓励,因为它顶着盟国的压力没有参与对利比亚的军事干涉,才有现在斡旋调停的有利可信的地位。

但欧洲应该意识到,北非西亚战乱,"西方"难脱干系。西方一些国家曾经竭力在那个地区依据自己的模式推行民主化,使原有的政治结构瓦解,国家陷入无政府的战乱,当前利比亚的问题正是欧洲做先锋、西方军事干涉的直接后果。慕安会上，欧洲人少有的共识是，应该加强自身的军事能力，要学会"力量的语言"，欧洲不应这么快地忘记了利比亚的伤痛，需要梳理一下自己在那里开展军事行动的后果。

当然，在一个日益倾向用军事解决问题的世界舞台上，欧洲必须拥有足够的武装力量才能扮演"力量的角色"，但是，若把"语言"和"角色"都寄托在力量和武器系统上，岂不是意味着对自身的智慧失去信心?! 我们生活的世界已经有足够的武器和对抗，缺乏的是智慧与和谐。欧洲不要仅仅为自己曾经的辉煌历史骄傲，还要有勇气去应对变化的世界，不要固守自己设定的"西方""东方"怪圈，要有勇气走出文明兴盛衰败的宿命学说，这也是斯宾格勒百年前对欧洲的警示。

连续几年的慕安会花了足够的气力讨论"西方"，当然也邀请可能被东道主划归非西方世界的客人来参与讨论，但所有的议题是被安置在"西方"框架内的。是时候该把视野拓宽一些了，沿着"西方缺失"继续走下去是出不来的胡同，这个胡同根本上还是西方中心论。一个进步和灾难交织在一起、连接在一起的世界，早已进入难舍你我的共同命运之中，欧洲应该走出历史和冷战的"西方"，融进现实和未来的全球，否则又如何能够承担全球的责任？

第一部分
欧洲和德国的内部挑战

一、欧洲政治与社会

（一）欧洲政治与社会矛盾

1. 欧洲传统政治危机叠加①

人们已经习惯用"叠加危机"来形容欧洲当前的局势，进一步说，各种危机已经合成为政治危机，其核心特征是欧盟各国传统政党，如曾经长期在法国执政的社会党和共和党等，像多米诺骨牌般从权力的舞台中央坍塌下来。这意味着欧洲的传统政治很难再适应社会现实的内外演变和冲击。近年来，欧洲传统政治的精英们试图在民粹主义和难民等域外因素上寻找危机的根源和对策，但政治危机依然在加重，就连一向被认为经济繁荣、政局稳定的德国也遭遇近半年组阁难产②的历史困境。到底发生了什么，让欧洲传统政治深陷危机？如果真是民粹主义作祟，又是什么原因

---

① 本节部分内容曾刊载在 2018 年 12 月 6 日和 12 月 20 日《环球时报》，原题目为《欧洲传统政治难以应对中产愤怒》《欧洲正失去社会流动的阶梯》。

② 这里指 2017 年德国议会选举后的政府组阁。德国遭遇了历史上罕见的组阁僵局。被寄予希望的联盟党、自民党和绿党最终因谈判破裂未能成功组阁，2018 年 2 月默克尔（Angela Merkel）所在的联盟党不得不再次和社民党组建大联盟政府。

促成民粹主义兴起?

须知,"民粹主义"是欧美精英话语,而那些被划归民粹主义者的大旗上却写着"我们是人民"(Wir sind das Volk)。人们注意到,"人民"一词在德国前不久召开的历史学家大会上被列为需要防范的话语,因为一战后德国"元首"滥用了"人民意志",把德国带入灾难。但另一方面传统大党又自我定位为"人民党"(Volkspartei,中文译为"全民党"),要体现其代表全体人民意志和利益的特征。给人的印象是,当前的欧洲谁是人民、谁代表人民,这越来越是个问题了。

21世纪初,欧盟朝着政治制度一体化方向大步迈进,领导人们确定了宪法草案,满怀信心地让民众确认。2005年2月28日,法国议会以91.7%的绝对多数投票赞同《欧盟宪法条约》。然而,与领导们预想的相反,法国民众在5月29日的公决中竟以55%的多数否决了这个条约,致使欧洲一体化进程严重受挫,"进入了不知何时才能结束的冬眠期"。这表明,政治精英们已经脱离了他们要代表的民众,91.7%和55%的比差形象地展现出人民代表和人民之间的鸿沟。数字还显示,投票者中80%的工人和60%的职员投了反对票,这意味着,社会的中低层形成了反对政治精英意志的联合力量,精英和大众间聚集着强烈的张力,这在欧盟历史上是罕见的。

是什么变化让欧洲传统政治步入了现今的困境？这是个值得深入、系统探究的议题，笔者尝试着从以下几方面观察此议题。

首先，欧洲中产阶级正从社会的稳定基础转变成社会不稳定的骨干。

财富减少、职业不稳、社会地位下降导致中产阶层萎缩不安。有研究表明，曾经被视为欧美社会稳定支柱的中产阶层在过去 30 多年中不断萎缩。冷战后经济全球化加速更使财富加速向少数最高收入阶层聚集，其财富翻倍增长，而广大中产阶层获益甚微，低收入人群在扩大。以德国为例，低收入人群占有社会总财富的比例从 20 世纪 60 年代的 1/3 下降到现今不到 1/5。① 稳定的职业本是中产阶级的支撑，但失业率居高不下是欧洲各国面临的普遍问题，即便是在经济形势良好、普遍就业的德国，固定的职业岗位也在不断减少。统计表明，德国接近 1/3 的就业人员从事的是"非典型"岗位的工作，即做小时工、临时工或自谋职业。这意味着，就业关系很不稳定，职业正在失去往昔给人带来稳定收入、自我价值和社会尊严的功能。有研究预测，在当前人工智能技术浪潮中，美国近一半的传统

---

① 参见 https://www.zeit.de/news/2017 − 12/14/einkommen-studie-oekonomische-ungleichheit-ist-gewachsen − 14090403，数据来源：德国经济研究所（Deutsches Institut für Wirtschaftsforschung）。

就业岗位将面临风险,劳动岗位在失去"不可替代性",新增就业岗位中90%以上是所谓可替代性岗位,即,从业者可以被替代,可有可无,人的价值变得随意了,不确定了。承受物质和精神等多重压力的中产阶级越来越不安、不满,正从社会的稳定基础转变成为愤怒的群体。从近年来迅速崛起、被精英层认为是民粹主义代表的德国选择党选民结构看,它不完全是一场青年人的冲动和底层民众对建制的反抗,更是中产阶级的反抗。该党有79%的选民认为自己的经济状况好或很好,而且,很多党员受过高等教育。

　　欧洲一些国家的政府也意识到了上述问题,但又鲜有作为。20世纪80年代以来,受新自由主义执政理念影响,各国政府尊崇效益优先的"小政府"原则,大规模地把公共资本资源私有化,不仅失去了足够的财力和能力去解决社会分配失衡现象,也使政府沦落为国际资本的"招商人"、投资环境的管理者,很大程度上丧失了治理国家的宏观战略意识与能力。结果是,传统政党不断承诺,又不断食言,不管左右哪一派执政,抑或是左右联合执政,政府都越来越无力解决社会问题,民众则越来越觉得政府无能,官民之间的不信任持久化、阵地化,形成常态的危机。如前所述,法国2005年《欧盟宪法条约》公投时就已出现中产阶级(职员)和社会底层(工人)"自然"联合,抵抗政治精英的趋势,这样的趋势现今已蔓延到其他国家,包括德国。中产阶级正从过去的社会稳定要素转变成社会焦虑不安因素,成为社会抗议力量的骨干。

其次,教育正在失去社会流动阶梯的功能,成为大众难以逾越的门槛、精英独享社会权力的专属区、社会分裂的凝固剂。

从历史上看,欧洲社会围绕权力分配,即谁有资格享有权力成为统治阶层,大致先后有过三个门槛:先是血统门槛,以确保贵族独享权力和统治地位;之后是财富门槛,以保障新兴的资产阶级分享权力,成为新的统治者;再后是教育门槛,使形式上受过高等教育的阶层成为国家和社会各领域的权力精英,把没有受过高等教育的民众基本排除在权力大门之外。可以说,以学历为表现形式的教育门槛总和并代替了血统和财富门槛后,至今保持着分配社会权力的关键标准。与前两个门槛不同的是,教育门槛扩大了社会选择的范围,把以往血统和财富门槛隐含其中,形式上显示出了更多的民主特性,更多体现出了教育精英在二战后主张"教育即人权"的政治意义,赋予了教育作为社会选择工具和社会资源占有的合理性。但在现实中能够逾越教育门槛的不是所有受教育者,唯受过那些由精英阶层通过各类行政措施和排名确定的精英教育者方有机会,血统和财富人群依旧是少数精英教育的主体,只有一些满足精英需求的社会中低层个体被容纳和补充进来,大众则被淘汰出这个精心设计出来的"精英自造产业链",成为服务权力精英的一般脑力和体力劳动者。数据显示,20世纪60年代德国联邦议会议员受过高等教育的不到全部议员的一半,其中不乏工人或农民议员。现如今,联邦议员几乎全部接受过高等教育,尽管全社会接受过高等教育的人只占全部人口的20%左右,但在最高政治精英层已经找不到真正的工人或农民[①]。教育门槛在容纳血统和财富门槛后,成为现今欧洲社会选择的综合关卡,把精英和大众分割为上下两个阶级,上边是政治精英、知识精英和经济精英的精英联合体,下边是大众。按照传统制度的分工话语,主要由议会政府组成的政治精英代表人民,由媒体和教育从业者构成的知识精英教育人民。

政治精英和知识精英的融合导致技术主义盛行,政治决策被拖延在烦琐的技术程序中,各类由知识精英组成的专业委员会登堂入室,影响着政治过程,形式上由议会和政府做出的决定,实质上被"外包"给"外脑",议会民主制度通过行政和行政外包在各类精英的内循环中交替实现,民众被排除在外。近日德国媒体热炒的国防部和国防军"咨询丑闻"披露,2015年至2016年间该部支付了高达2

[①]　德国奥斯纳布吕克大学舍费尔(Armin Schäfer)教授对此有专门分析,见 „Die Akademikerrepublik: Kein Platz für Arbeiter und Geringgebildete im Bundestag?", *MPIfG Jahrbuch 2015 - 2016*, Köln: Max-Planck-Institut für Gesellschaftsforschung, 2015, S. 89 - 96.

亿多欧元的外脑咨询费,且账目不清,疑似暗箱操作。经合组织(OECD)基于新自由主义教育理念的教育排名榜和教育报告,比民选产生的各国政府威力还大,左右着各国教育政策,使教育成为经济的劳动力供应商和社会竞争的工具,不断强化、巩固着教育作为进入精英阶层的权威性与合理性。欧盟更是各种专业委员会和专家小组林立,其决策机制被普遍认为缺乏议会监督,主要由政府和行政精英运作。随着布鲁塞尔官僚体系不断强化对各成员国政府和民众的影响,民众的不满情绪也日益增长。可以说,今日泛欧洲之民主制度已经失去了原有模样,变成了一个让许多民众恐惧厌烦的庞然大物,近年来以反欧、厌欧起家的民粹主义政党正由于迎合了民众诉求而兴旺,原本代表人民的政治精英被他们极端地攻击为"人民的叛徒",肩负"教育人民"之责任的媒体被称为"谎言宣传"。从这种意义上说,民粹主义运动是欧洲传统政治变化和民众不满的结果,而不是原因。

再次,自由主义思潮不断在欧洲渗透、普及,形成反权威的意识形态,并在大众化的过程中也瓦解了欧洲传统政治思想和制度的大众基础,传统政党依靠的大众日趋小众化,小众不断碎片化。"全民党"逐渐无力回应社会深度碎片化时代的多重要求和期待,在面面俱到的努力中失去了本色,失去了社会身份依托,即人民代表看不清人民,找不到人民。

在欧洲,20 世纪 60 年代后期爆发了被冠名为"学生运动"的教育和思想革命,"批判"不仅是行动,也是崇高的价值和真理,思想政治和社会生活各领域都要反权威、反传统、反制度。"平等""自由"和"民主"被奉为判断是非、真假、优劣的道德标准,逐渐被诠释为欧洲自古以来就拥有的传统,即便是给欧洲自己和世界带来血腥灾难的世界大战也被用来验证欧洲"自由民主"制度的合理性、必然性和先验意义,是放之全球而皆准的普世价值。在那场运动中,"批判"被推到崇高的位置上,不仅被当作方法,也被认定为绝对真理和价值本身,精英既是批判者,也是价值判断者。

国际上,价值自信的欧洲精英似乎是全球道德问题的教育者和裁判所,到处有来自欧洲的批评声、谴责声。有意思的是,欧洲的批评声也引起他者的批评回音,"欧洲教育了世界"。比如,德国魏玛市是欧洲文化大家歌德(Goethe)和席勒(Schiller)生活工作的地方,曾被确立为 1999 年的欧洲文化之都,展现出欧洲文明的灿烂。但就在魏玛的邻近之地,至今矗立着布痕瓦尔德集中营,昭示着那段惨绝人寰的阴暗历史。"奥斯维辛之后写诗,是野蛮的",以残酷反证文明,这透着玩世不恭的气息,也是欧洲思想精英们难以逾越的矛盾。特朗普(Donald Trump)总统隔空对马克龙(Emmanuel Macron）总统喊的那句"你们当时在学德语了"，触到了欧洲很多国家的痛处①。欧洲从道义制高点上构建价值共同体的路径或许是欧盟增强一体化和集体身份认同的必要选项，但要克服历史镌刻在欧洲各国人内心深处的伤痕依旧是一条坎坷之路，时常会透出矛盾和纠结。对两次世界大战的反思还远远没有在欧洲各国发生，至今的纪念活动还维持着仪式的重复，着力去发掘出战争中的人性和英雄精神，但也难以遮掩各国"爱国主义"与"欧洲主义"两股潮流之间的张力和温差。也要看到，让战争纪念来体现人性，这本身就充满着荒诞的色彩。

在欧洲社会内部，当精英们设定的先验价值遇到现实时，不可避免地陷入困境：欧洲的公民们越来越发现，舆论自由实际上是由精英们控制的媒体发表舆论的自由。"谁上台都一样，我们都要付更多的税，社会负担更大，够了！"这是近来参加法国"黄背心"示威运动的一位年轻人表达的愤怒。他们曾经热烈地支持马克龙当选法国总统，曾寄托过美好的愿望，现在，总统的支持率跌落到了 20%上下。这不仅对马克龙总统本人是沉重打击，也是法国政治的困局：在传统左右两派政党执政失灵后，人们寄希望于新人新党，然而

①　针对法国马克龙总统要建立欧洲自己的军事力量以应对外来威胁的倡议，美国总统特朗普发推特调侃称："不是德国人发动了两次世界大战吗？美军到来前，法国人已经开始学德语了呢！"见美国政治新闻网站 Politico 的报道：https://www.politico.eu/article/donald-trump-without-the-us-the-french-would-be-speaking-german/。

燃烧的热情又要变为愤怒,变为街头革命。很明显,目前已不再是左右的问题,是整个社会结构出了问题,导致上层精英失去了社会感受力,中下层民众在焦虑和不安中反抗。

综合看,战后欧洲社会结构发生了深刻变化,经济增长,人们财富增多,经济依赖降低,但自由主义的全球化促成财富分配不均,导致社会中底层不安、不满,与上层精英对抗。民众知识层次普遍提高,信息独立能力和意识增强,传统政治和知识精英垄断政治和信息资源的能力和程度被极大减弱,随着自由主义思想高度渗透,每个个体都成为有制造、评判和传播信息能力的基本"政治单体机构",在竞选政治中受到党派"贿赂性"追逐,传统政治失去往昔领导者的尊严、权威和支撑。经济和政治已经自由化和现代化到了这样的程度,以至于民众不再依赖精英,出现了社会变化导致的实质上的去精英化运动,互联网则加速和提升了自由化的程度,但也进一步彻底地瓦解了精英阶层对知识、信息和思想的垄断。互联网强化了"感受的时代",事实和真相在很大程度上被关于事实和真相的感受所取代,即,感受成为感受的依据,左右着社会的情绪和政治生活的运行,"特朗普现象"是感受时代的产物和标志。互联网改变了政治生活的模式和结果,加速了传统政治的崩溃。不断固化、僵化的精英阶层与自我意识日益增强并开始表达对精英不满和反抗的大众之间的矛盾,明显地勾勒出欧洲传统政治危机的宏观背景。

2. 欧洲社会结构性问题凸显①

最近两年,欧洲正遭受冷战以来最严峻的恐怖袭击。欧洲主流声音把矛头指向伊斯兰极端主义,把问题归罪于难民政策。但笔者认为,难民只是结果而非诱因,欧洲不应纠缠于一些"伪问题",而应全面反思内外政策的得失。

首先,欧洲的人口和族群结构正深刻变化,"人民"变了。伴随着殖民政策和现代化发展,欧洲早已不再是单一欧洲人或基督教的欧洲,伊斯兰教在许多欧洲国家已成主要教派。相关调查显示,欧洲穆斯林人口已占总人口的6%,到 2030 年将达 8%甚至更高。② 有些欧洲国家领导人认为,欧洲基督教徒的宗教意识和活动正在减弱、减少,笃信教义的穆斯林人数将很快超过虔诚的基督徒。已占人口很大比例的非欧洲移民构成了新族群,其数量迅速增长,政治诉求增强,这意味着欧洲国家的执政基础已深刻变化。使多个单一神教和睦相处,治理多族群和多宗教的国家,远比单一民族和单一宗教国家复杂得多,欧洲政治精英们对此应有充分认识,并在此基础上修正传统欧洲基

---

① 本节内容曾刊载在 2016 年 8 月 17 日《环球时报》,原题目为《屡遭恐袭,欧洲应反思"真问题"》,此处略做修订。

② 参见 Die Bevölkerung der Muslime: Statistiken & Daten, https://www.islam-religion.com/pdf/de/the_population_of_muslims_part_1_of_2_4394_de.pdf, zuge-griffen: 11. Juli 2016。

督教文明以及政治思想基础和价值观念,以适应新的
"人民"。

　　欧洲国家领导人对于在社会融合方面面临的严峻挑战
并非毫无意识。德国前总统武尔夫(Christian Wulff)2010年
就曾提出伊斯兰属于德国,希望以此增强穆斯林移民对于
德国和欧洲的身份认同,促进融合。但多年以来,这种倡导
多元文化融合的努力效果不彰,反而被一些意见领袖宣布
失败,有人甚至认为,现行融合政策是向伊斯兰投降。欧洲
应意识到,价值输出的时代过去了,现在应花更多精力应对
内部社会文化挑战甚至自我生存问题。它还需认清欧洲不
是独有普世价值的圣者,也不是拯救世界难民的恩人,这样
的理念与排斥外来移民具有同样的思想基础。

　　其次,欧洲国家内部政策上新自由主义盛行导致社会
撕裂。效益至上的逐利和竞争使富者更富、穷者更穷,被
称为社会稳定支柱的中产阶层不断萎缩。法国失业率一
度超过10%警戒线,西班牙和希腊的失业率高达19.9%和
23.3%,有的政府濒临破产;2012年统计显示德国中等收
入阶层人数过去15年中减少550万。[1] 技术进步等要素
带来财富增长,但新增财富因偏袒资本的再分配制度而更
多进入大企业、大资本手中。中等收入阶层中蔓延着焦虑
和担忧,正由社会的稳定器转变成社会不安的主力。

---

　　① 数据来源:德国联邦统计局(Statistisches Bundesamt),2012。

政策失误、结构失衡导致贫富不均、社会分裂,一些欧洲国家犯罪率攀升。据统计[①],2012 年欧盟入室盗窃案数量比 2007 年上升 14%,德国 2015 年刑事案件数量比上年上升 4.1%。有人辩解说是违法移民催升了犯罪率,但对移民人口已普遍存在的国度而言,再区分是否为"原居民"不仅无助于改善治安,反会强化社会分裂。另外青少年问题颇为严峻,2014 年有 1/4 的欧洲青少年生活在贫困中,他们缺少社会参与机会,在学校被另眼相看甚至被欺侮,忍无可忍时便可能走向极端、报复社会,最近两年的多起暴恐案就是青少年所为。

第三,网络技术主义破坏社会稳定,这在欧洲表现明显。网络技术促进了沟通,但某种程度上也成为恐怖主义的"有效工具"和"教科书"。极端主义借助网络传播极端思想并诱发"独狼",维尔兹堡火车惨案的杀手就受到 IS(极端组织"伊斯兰国")"启发",慕尼黑惨案的凶手则通过网络效仿 7 年前一桩少年凶杀案来策划行凶细节。一旦恐怖事件发生,网络和媒体还可能成为传播恐惧的"帮凶"。各种信息瞬间传播、真假难辨,造成政府忙乱决策,民众惶恐不安。政府在失去信息掌控力和公信力,比如德国政府一再强调暴恐与难民无必然联系,但在网上遭到民众攻击,民众与政府对立。网络使人越

---

① 参见 Statistiken zur Kriminalität, https://ec. europa. eu/eurostat/statistics-explained/index. php? oldid=292637, zugegriffen: 17. Juli 2016。

来越"去社会化",暴力恐怖也因此日趋"个性化"。"独狼"频现增加了社会安全的不确定性。

第四,以暴制暴、越反越恐的"反恐陷阱"症结在于信任危机。欧洲国家已有事实表明,仅仅强化国家机器的强力手段难以实现长治久安,甚至短期内都难奏效。德国总理默克尔在系列暴恐事件后宣布九条反恐措施,包括强化武器管理,但这未能阻止暴恐活动,如维尔兹堡火车惨案凶手作案的工具只是寻常的斧子和刀。法国在 2015 年巴黎遭恐袭后实施覆盖全国的紧急状态,但也未能避免一再遭袭。欧洲当前面临的暴恐对手以"独狼"居多,他们不是具有极端宗教背景就是因被社会边缘化而陷于绝望,无惧于死。这与此前出现的"埃塔"(ETA)、"红军派"(RAF)和"北爱尔兰共和军"(IRA)等恐怖组织不同,很难强力打击和压制。

正因新一波暴恐行为有明显的宗教极端主义根源和社会心理背景,所以反恐不再是防止和打击暴力行为那么简单,不能一味强调罪犯的个人问题,而需从社会文化角度着手,解决现代社会的"价值冲突""信念空虚"和"信任危机"。英国英格兰银行前行长默文·金(Mervyn King)就曾撰文警示,欧洲的深层问题在于政府和民众相互缺乏信任。欧洲精英们应看到,物质主义的发展并不能填补人对生命意义的内在需求,一个健康的社会不仅要解决"我有什么"的问题,还要关注"我是谁"的终极议题。

另外还需看到,国际干涉主义与恐怖主义存在必然联系。美国主导的西亚北非"民主化"进程已持续近15年,不仅没给西亚北非地区带来人权与和平,反使相关国家安全形势空前恶化,极端恐怖主义势力肆虐。随着一些主权国家的政府和边界遭到瓦解,动乱与危机迅速外溢,蔓延成区域甚至全球危机。过去几年,大量民众逃离"民主化"失败的国家和地区,形成一波波难民潮,冲击欧洲。欧洲人跟随美国把难民和危机打进自己的家园,激化了已有的社会矛盾,而大西洋对岸的美国却在悠然旁观。对此,不少欧洲有识之士已经有所认识。

综上所述,要想走出当前暴恐袭击困境,欧洲需要全面反思国内外政策,直面现实问题的根源,做到从长计议、综合施策,而非仅仅纠结于一些局部和技术性环节。在全球化时代,治国理政变得愈发复杂。今天欧洲政治遭遇的危机,明天就可能在地球上的另一角落发生,对此各国政治决策层须有远虑。

3. "左中右"视角掩盖欧美社会矛盾①

2017年9月德国联邦议会大选结果显示,原大联盟政府的三个执政党(基民盟、基社盟和社民党)遭受冷遇,得票率均创历史新低。与此相反,各在野党(绿党和左翼党)以

---

① 本节内容曾刊载在2017年9月29日《环球时报》,此处略做修订。

及不在联邦议会的自民党和选择党却不同程度地受到选民热捧,支持率明显提升。冷热之间反映出德国当前政治生态观点分散、力量分裂的现状。选择党出尽风头,得票率提升到12.6%,升幅最大,成为德议会第三大党。这被认为是极右翼的胜利,标志着德国政治天平整体右倾,是继英国"脱欧"、美国特朗普上台之后右翼抬头的延续。

然而,细看各党选民结构可知,继续沿用传统"左中右"的政党分类方法已无法有说服力地解释上述变化,也无法解释其与德国社会现实之间的关系,甚至还遮掩了观察德国社会现实的视角。

与普遍猜测不同的是,选择党的选民不都是社会生活中的失败者,据德媒报道,其党员多为社会中上层及精英人士,比例不低于其他传统大党。选择党选民的社会成分,实际上与绿党、自民党等高度重合。① 在对待执政党这一点上,选民们也表现出了高度一致,即向在野党分流,弃离执政党。

与其说这次是选择党等在野党的胜利,不如说是对执政党的抗议和惩罚。这与传统政治谱系中的"左中右"没有太大关联,而是体现了德国选民对社会现实和生活现状的感受,以及由此而做出的政治选择。如果依旧按"左中右"

---

① 有关选择党选民经济和教育背景情况,请见《时代》新闻详细报道:https://www.zeit.de/politik/deutschland/2017-08/afd-waehler-terrorbekaempfung-integration。

的谱系,原大联盟政府中的执政党基督教民主联盟、基督教社会联盟和社会民主党是传统上经典的左右两派,按道理完全可以从意识形态的两端来充分关照选民的不同诉求。实际情况恰恰是,选民并没有按照这样的谱系划分来做出选择,他们更关注的是社会现实问题,而不是意识形态的谱系。

社会现实是,选民需要稳定的经济收入,可以期待的社会上升机会,安全的生活环境,尤其是家庭和社会的关爱。选民的生活诉求很实在。

宏观上看,德国经济宏观数据非常出色,在不太景气的世界经济中能够多年保持增长,政府财政实现盈余,劳务市场提供了充分的就业机会。但另一方面,经济增长带来的财富没有均衡分配,地区之间和家庭之间财富差距不同程度地加大,在为德国统一承担主要经济负担的西部各州,受到"贫困威胁"的人数在 2005 年到 2015 年之间从 13.2%增加到了 14.7%,在不来梅市这个数据高达 24.8%,居西部各州之首。但也同样是在这个城市,富人的数量却在德国各大城市中位居前列,贫富差距昭然。① 有数据显示,德国百万富翁人数从 2009 年的 86 万上升到 2016 年的 120 万,年

---

① 关于西部各州 2005 年至 2015 年间"受贫困威胁"人数的统计数据,见德国联邦统计局官网：https://www.destatis.de/DE/Presse/Pressemitteilungen/2016/09/PD16_334_228.html。

均增幅约5%。① 据柏林科赫研究所（Robert Koch-Institut）的研究，富人不仅有更多的机会，而且平均寿命也比常人多出10年，他们享受着私人医保提供的高档服务，与普通百姓排队看病截然不同。

就业不仅是生活资料的来源，也是实现个人社会价值的渠道，宏观看选民们有充分就业的机会，但新的技术和劳工政策深刻地改变了就业岗位，从过去终身单一岗位就业，转变到现在的多岗位就业、短期就业，从业人员难以有长久预期。有研究称，未来15年内60%的现有工作岗位将消失，人被工作逼着改变，在多个职位中奔波，这不断蚕食着原本属于家庭的时间。

家庭面临危机。从1996年到2015年，德国有孩子的家庭从760万下降到550万，单亲家庭却从130万上升到160万，其中单身母亲有孩家庭从110万增加到150万，传统家庭在分化，人们依赖的基本社会结构不再稳定。单亲有孩家庭受贫困威胁的比例更是高居44%，这意味着在这些家庭长大的孩子缺乏教育和社会参与机会。统计显示，德国大学毕业生中父母没上过大学的人只占总数的1/10，相对贫困在代际之间传承。

德国东部的选民还面临独特的问题。他们曾经生活在

---

① 参见《每日镜报》报道：https://www.tagesspiegel.de/wirtschaft/world-wealth-report-50-000-millionaere-mehr-in-deutschland/13779732.html。

一个社会和生活供给由国家分配的体系中，尽管与西部相比不算富足，但很确定，有起码的保障。东西德统一之后他们获得了自己塑造自己生活的自由，但与之俱来的是个人谋生责任。并不是每个人都认同和能够承担责任，许多人仍旧希望在给定的体系中安稳生活。他们对国家充满期待，也同样更强烈地表达出不满。选择党的票仓主要在东部，在萨克森州选择党已是第一大党。

近两年的难民问题给德国带来了新的麻烦，但更重要的是难民问题激发了选民对社会问题的不满。在剧烈变化的时代，普通民众指望国家提供保障和稳定，他们一再失望，在选择党那里却找到了发泄不满的渠道，要以此教训一下那些"高高在上"的人。

对政治、对国家的信任陷入危机。德国波恩大学教授布拉宿斯（Jörg Blasius）提供的一项研究数据显示，欧洲各国民众对政党和政府普遍不太信任，认为他们只在乎自己的权力，不关心民众的诉求。德国统计公司 Statista 的数据也表明，有 82% 的受访者表示很不信任德国政党。新一届议会有 709 位议员，其中只有 299 人是选民直接选出的，余者是得票数超过 5% 选票的政党确定的人选，选民甚至不知道这些议员是何许人。一项调查称，受访人中一半多弄不明白这样的选举制度是怎么回事。

德国社会的结构性问题在西方其他国家同样存在并将

延续。德国大选结果提供了一个观察西方社会的新鲜案例。从普通民众的角度去着眼,以"上中下"替代"左中右"更为切实。"左中右"是意识形态问题,那是政党们的游戏,是脱离社会现实的精英们在高谈阔论。"上中下"则是社会问题,这事关民众的冷暖甘苦。

(二)全球治理体系与难民危机

1. 欧美全球治理体系的结构性缺陷①

近来不断有欧洲学者和政客宣称,欧洲难民危机是全球出现的普遍现象,是对国际安全的严重威胁,是国际"责任危机",因此需要全球治理,包括中国在内的主要大国不可"事不关己,高高挂起",须主动承担国际责任。

令人担忧的是,若难民危机久拖不决,西方一些人可能利用其舆论强势地位炮制"全球责任论"作为所谓"新道义标准",给相关国家制造舆论压力。比如,最近有人借联合国秘书长潘基文之口,呼吁将欧洲难民"全球化",还有人批评中国对欧洲难民危机"事不关己,袖手旁观"。上述言论难免有些牵强附会,甚至别有用心。

---

① 本节内容曾刊载在 2016 年 3 月 23 日《环球时报》,原题目为《谁该为欧洲难民危机担责》,此处略做修订。

对欧洲当前面临的难民危机,应透过现象看本质,做出深刻反思,而不仅仅是忙于分摊责任。这场难民危机与欧美在西亚北非地区推行的"民主化"在发生时间和程度上有着密切关联,暴露出欧美主导的现行全球治理体系起码有三个方面的结构性缺陷。

一是西方国家在冷战后高举价值观大旗,强力推行制度输出,结果不仅事与愿违,更给国际秩序造成混乱,特别是致使西亚北非地区的原有政治架构瓦解,引起空前的人道主义危机,国际恐怖主义肆虐,人民流离失所,直接导致大批难民逃往欧洲。这是当前难民危机的根本原因,它表明价值单边主义和制度输出的失败。

二是大批难民涌入欧洲,似乎突如其来,使欧盟措手不及。欧盟既未预测到危机来临,也未拿出应急处理方案。这表明现行治理体系的预警功能和应急功能已经失灵。

三是强力推行制度更换、武力介入国际纷争,不仅没有实现欧美国家希望出现的"民主化",反而给"民主化"带来威胁,这种威胁甚至直逼欧洲"民主堡垒"。这再次证明,以武力或威胁施加武力解决国际问题,不仅于事无补,反而会使国际、区域安全局势失控。

由上观之,国际社会应尽快携手解决欧洲难民危机,但不应"病急乱投医",就事论事地搞"责任分摊"。应该认识到,欧美主导的现行全球治理体系本身就是危机的根源,起码是主要根源。欧洲的学者和政府官员更应客观反省,而不是试图把自己区域发生的危机描述为全球普遍现象,让各国来承担其制造的后果,更不该由此设置国际道义和舆论制高点,向他国施加压力。

从另一个角度看,中国的确在解决国际难题方面承担着越来越多的责任。然而,与欧美一些国家崇尚武力的国际干涉主义不同,中国反对搞制度输出,反对干涉他国内政,反对以武力解决国际纠纷。中国发挥作用的程度与事态是否以和平方式解决有正向关联:国际争端中各方越是不单边逞强、诉诸武力,中国发挥的作用就越大。

这或许为持久解决欧洲难民危机提供深层次启发:在国际关系中不能依仗强力搞价值外交和制度输出,那样做不仅给世界带来安全和人道危机,到头来也使自己陷入道义和责任困境。

2. 欧洲难民危机的根源①

从历史和现实的角度看,欧洲难民危机都具有全球意义,需要持续关注。

就历史而言,按以色列历史学家哈拉里(Yuval Noah Harari)的观点,现代人类源于非洲,由此向世界各地迁徙繁

---

① 本节内容曾刊载在 2016 年 4 月 9 日上观新闻,原题目是《欧美全球治理模式是因,难民危机是果》,此处略做修订。

衍,迁移的原因是为了逃避灾难或是寻找更好的生活,人类在不断"逃难"中创建新的文明,也破坏着所到之处原有的生态。比如,17世纪初欧洲人大规模逃难到北美洲"新大陆",引发了历史进程的"破"与"立":原有文明消亡,包括"原始居民"印第安人几乎被灭种;新的文明和生活方式由此出现,欧洲难民在向外迁徙过程中的"破"与"立"形成了欧美体系,影响了此后全球历史的发展演变。

就现实而言,当前欧洲再次卷入大规模难民迁徙事件之中,但与前次不同,这次是由大量外来难民涌入引起的危机,其未来发展趋势尚不明了,依旧是问题多于答案,但若沿循历史轨迹似乎可以预见,这次危机也将催生新的、针对欧洲自身的"破"和"立",使欧洲及其"欧洲体系"成为被历史改变的对象,这在近现代史上是少有的,其走向也可能对全球局势和治理产生历史影响。

可以看到,欧洲已经处在"破""立"之间。当前大批难民涌入欧洲是洲外移民进入欧洲整体事件的局部,欧盟一些主要国家中有洲外移民背景者已占人口的1/4。德国一项研究表明,信仰伊斯兰教的人口在递增,而传统基督教文化圈人口在下降,伊斯兰教已是欧盟多国的主要宗教之一,主要来自伊斯兰国家和地区的移民在改变着欧洲的人口结构、文化结构,甚至饮食结构。如不久前德国政府坚持猪肉可以留在中小学午餐食谱中,此前穆斯林学生和家长要求把猪肉清除出学校午餐,引起非穆斯林学生的不满。这些结构变化对许多欧洲人而言,尤其是在那些无力应变的低层民众中间,被视同于"破坏"的负面力量,撼动了欧洲人身份认同的基础,引起了越来越广泛的精神恐惧和抵抗,"欧洲是白人的欧洲""反对伊斯兰化欧洲爱国运动"等思潮已形成实际的政治力量。

欧洲需要追问:当前难民危机的根源是什么? 可以发现,这次难民"运动"的形成与仍然主导着全球治理模式的欧美体系有着密切的关联,互为因果。

当资本和技术推动的全球化树立起的"增长无国界"成为原则时,一切国家和民族的"优劣"被放在了效益的天平上衡量和排序——没有增长、缺乏增长成了落后的唯一标准;当人作为劳动力资源被全球调配时,"落后"文化圈的民众受到选择性的鼓励,进入"先进"文化圈的国家的社会大生产中去,支撑增长持续扩展,文化多元主义应运而生,以融合移民带来的异质文化,避免社会的分裂;当全球化受到欧美体系外弱势民族国家的抵抗时,"人权高于主权"又成为强势体系推行全球治理的普遍原则,尤其是在冷战之后,干涉主义盛行,国与国之间使用武力的行为有了合理性。

在这一波欧美体系治理全球的努力中,增长、多元、人权和民主等被赋予了绝对的道义力量,违者将受到广泛的谴责和惩罚,强大的舆论和学术提供了道义和学理的铺垫,强大的军事力量提供了行动上的支撑。西亚北非是这场治理的试验场之一,截至目前的试验结果是,这一地区的经济崩溃、维系国家完整性的政权瓦解及无政府乱局中滋生的宗教原教旨主义仇恨进一步摧毁了民众赖以寄托的精神家园。失去了物质基础和精神依托的人们能够选择的就是逃亡,最理想的目的地自然是发达的欧洲。但并不是所有人都受到欢迎和接纳,欧洲的增长是有国界的,欧洲的文化多元主义也是有限制的,欧洲的道义主义也是有前提的。欧洲目前就难民问题呈现给全球的依然是国家利益至上,换句话说,国家利己主义在回归。尽管德国总理默克尔表现出了道义的品质,但她因此受到了孤立,这很具有悲剧的色彩。

因此,应该从足够广阔的时间和空间视域中去考察当下欧洲的难民问题,宏观地思考全球治理的现实和未来。世界历史经历了300多年"现代"阶段,即全球历史阶段,西方文明以强势的姿态扩张至全世界,这种扩张既伴随着侵略战争与经济掠夺,也伴随着西方价值观主导下产生的社会制度、生活方式、发展模式的输出与推广。冷战结束后,欧美体系加大"治理全球"的力度,但世界并没有被改变得更安全、更美好,甚至连欧洲也被拖入动荡之中,成为被改变的对象。欧洲的政治家们正忙着解决眼下的难民问题,这当然是必要的,但从根本上解决问题需要找出问题的根源,欧洲需要反思,我们也需要反思,全球治理事关每个国家和民族,也关系到每个个人的命运。

难民危机,是个深刻的警示。

(三) 法德轴心

1. 法德重振欧洲的阻力①

法国总统马克龙以"捍卫法国和欧洲"的口号赢得总统大选,他在上任后阐述了一系列重塑欧洲的主张,并迫切期待与德国一起推动欧洲"团结一致"。但当时刚结束选战的德国总理默克尔给予了虽然热烈但限于原则的回应,这不仅仅是德国政府组阁未果而不便回应的技术缘故,也是因为德国有自己的战略考虑。毕竟,现今的世界和欧洲较之二战结束时早已发生巨变,法国和德国也不再是当年的法国和德国,重振欧洲显然不是签署一份新《爱丽舍条约》那么简单的事。

首先,法德两国之间协调起来不易。一个客观的历史事实是,法德当年是为实现各自利益而联手推动了战后欧洲一体化进程。戴高乐将军主政法国,他要完成的首要任

———

① 本节内容曾刊载在 2018 年 2 月 5 日《环球时报》,原题目是《法德初心不再,重振欧洲谈何易》,此处略做修订。

务是让德国这个"世仇"永远失去发动战争的能力,不再威胁法国安全。为此,他竭力阻止德国再现一个有广泛动员力的中央政府,要把德国工业置于多国监控之下,要把德国那些靠近法国的地区并归法国管理。但那时的法国太弱,肢解和弱化德国的方案遭英美拒绝。不仅如此,英美20世纪50年代初的对德政策因世界格局变化很快发生根本转变,由惩罚、处置德国变成扶持、发展德国,使其成为抵御苏联主导的东方集团的前哨。在此背景下,法国不得不调整对德政策,以和解促合作,把德国纳入法国主导的欧洲一体化进程。

法国"恩威并重"的政策受到战后经济迅速崛起但政治仍受孤立的德国欢迎,为此德国甘愿提供资金支持。事实上,实现对法和解,意味着德国朝恢复"正常国家"迈出了重要一步。随后的情形就是法德相互借重,并且常是法国出面、德国出力,形成了欧洲一体化的"火车头""发动机"。

冷战终结使德国恢复了"正常国家"地位,综合国力和全球影响力不断增强,相反,法国经济渐趋衰弱,内部矛盾重重,国际影响力下降。其结果是,往日"法唱德随"关系不再,德国发挥的作用越来越大,已成为欧盟实际的领导者。现在,面对马克龙的振兴欧洲新构想,德国自然要三思而行。从目前德国组阁谈判透露出的内容看,其欧洲政策中并未包含设立欧元区财长和统一预算等法国所提出的经济政策建议,德国态度可见一斑,它可能不想继续交更多的钱,却得不到相应的决策权。

其次,对法德两国在欧盟内的"发动机"作用,欧盟其他成员国也很矛盾。其中,对德国的态度尤其如此,希望德国出面领导但又不是百分之百放心。到底是欧洲的德国,还是德国的欧洲,这种担忧始终萦绕在欧洲政坛。

在处理希腊等国的债务危机过程中,德国虽然发挥了主导作用,但却在当事国遭遇强烈反弹,默克尔总理被画成希特勒的样子在雅典游街,还有一些成员国政府翻历史旧账,要求德国交付二战赔款。一些国家仍然无法忘记德国的"特殊历史",这意味着要领导欧洲,德国还有这种历史包袱。

在处理难民危机过程中也出现类似情况,德国扮演领导角色,提供大量经费,但在政府关系层面受到一些当事国政府的抱怨甚至抵制,在社会层面上也遭到一些国家社会的舆论攻击。比如德国媒体 2017 年 7 月披露了一系列来自东欧地区关于德国的"歪曲报道",其中就有"德国借助欧盟占领东欧""欧洲已在柏林全面控制之下"等。西欧和南欧的成员国也对"法德轴心"抱有戒心,他们担心两国把自己的意志强加于人,比如卢森堡外长就告诫说:"领导不是主导,要促进欧洲更多融合,而不是推行自己的意愿。"

再者,欧洲一体化的进度和质量如何,根本上取决于各国内政状况,法德也是如此,要想领导欧盟首先不能"后院起火"。马克龙上任以来大力推进改革,经济总体向好发展,但随着2018年出台包括减少公共部门10万个岗位等政策,是否引起社会反弹尚难预料。马克龙政府2018年1月迫于抗议压力取消修建朗德圣母机场的计划,这让不少法国人怀疑,若改革遇到重大阻力,马克龙总统是否会有所退却,法国会不会依旧停滞不前。对德国而言,2017年大选结束虽已半年,但仍未组成新政府,这本身就说明国内各政治力量的整合已触及政治制度和治理结构。解决不好这些深层次问题,很可能会阻碍德国长期发展。无论法德,内政不畅,势必无力顾及欧洲。

另外,欧洲一体化自始至终都与国际环境关联,法德两国领导人对此都很清楚,各自都希望借助强大的欧洲在国际舞台上发挥更大作用,甚至是使本国在日益激烈的全球竞争中获得更大利益。但把欧盟当作实现自己利益的工具,只会加速欧盟的分裂。问题还在于,冷战前美英等国尚支持欧洲走协同之路,而如今英国已去,美国总统特朗普也在为之喝彩。推动欧盟进一步"团结一致向前看"的路,在国际上也遭遇了逆风。

综合以上因素,推动欧盟"团结一致向前看",恐怕并非法国或德国一厢情愿就能实现,而是受到各种主客观因素的影响和限制。但说到底,欧洲一体化的问题还是欧盟内部问题,是包括法德在内的欧盟各成员国的发展问题。克服欧元区依旧面临的金融危机、难民危机,促进经济增长,解决民众的教育、就业和安全等切身需求,这才是民众对政治家的期待,才是重振欧洲的钥匙所在。

2.《亚琛条约》①与法德领导地位②

很少有哪一对国家关系像法国和德国关系这样在过去的百年中历经了戏剧性的起伏变化,从世仇走向和解与合作,而今又要从合作迈向融合。

当法德两国政府领导人 2019 年 1 月 22 日在德法边界的欧洲古城亚琛签署新的友好条约时,观察家们形容这是具有历史意义的一刻,协议不仅意味着两国要加强国与国之间常规的合作关系,还展示出它们立志"大胆地往前走",不仅要合作,还要融合,试图在受"美国优先"激发下国际关系日益走向民族主义的全球大潮中逆势而动,在两国间推行"超国家的"政府构建和社会一体化。马克龙和默克尔希望借此带领欧盟内聚力量,抵抗民族主义和民粹力量"对现行制度的进攻",外御威胁,给欧盟民众安全防卫的保护伞。

---

① 《亚琛条约》(Aachener Vertrag),又称《德国和法国关于合作和一体化的条约》(Vertrag zwischen der Bundesrepublik Deutschland und der Französischen Republik über die deutsch-französische Zusammenarbeit und Integration),具体参见 https://www.auswaertiges-amt. de/blob/2178596/7b304525053dde3440395ecef44548d3/190118-download-aachenervertrag-data. pdf, zugegriffen am 23. Januar, 2019.

② 本节内容曾刊载在 2019 年 1 月 24 日上观新闻和 2019 年 1 月 25 日《解放日报》,原题目为《法德签署〈亚琛条约〉,能否撑起一片天?》,此处略做修订。

方向也许是对的,甚至堪称是国与国关系的制度创新,但道路却是曲折的。法德心有余,但成败的关键在于力是不是足。

可以看到,法德两国走到今天这一步,也是无奈之举,用心良苦。在国际上,欧盟自认为正在遭受传统安全盟主美国的遗弃,承受着来自俄罗斯的地缘安全威胁、中国经济和制度挑战以及域外难民的冲击,外来压力和挑战空前。这样的局面迫切需要欧洲团结起来,一致应对。不幸的是欧洲一体化进程一再受阻,英国"脱欧"更是持续煎熬着欧洲人的信心,各成员国国内也深陷传统政治危机,多数国家自顾不暇,欧洲整体团结与协同变得越来越艰难。法国和德国是欧洲共同政治的创始者、领导者、推动者,并从中受益,自然不愿看到欧洲一体化进程失势、失败。两国领导人一再提出要振兴欧盟,但近年来不仅收效甚微,而且面临着日趋分化分裂的局面。无奈之下,两国重拾"核心欧洲"套路,要统一欧洲先统一法德,以构建两国在政治安全、经济社会、制度组织等多领域的"共同空间",为欧洲一体化再起步提供榜样和动力,承担起行动者的领导角色。

还要注意到,欧盟各国对法德的领导意图和作用既有期待又有忌惮。毕竟在多个成员国眼中,法德是盟中老大,很容易"店大欺人"。德国曾强力推行各国分摊难民的做法就使各国愤愤不平,怨德情绪相当普遍。对法国,各国担忧的是源自巴黎的"黄背心"运动正在欧洲蔓延,法国不能度己又何以度人呢? 况且,法德强化自身融合很容易被解读为对欧洲一体化失去信心,是在以行动表达疑欧的政治取向。出席《亚琛条约》签字仪式的欧洲理事会主席图斯克(Donald Tusk)就在致辞中当众告诫马克龙和默克尔:"作为坚定的欧洲人,我告诫你们不要怀疑欧洲。"法德领导需要清醒认识到的是,精英主导的政治构建需要民众广泛认可和参与的社会构建。隆重签署《亚琛条约》的大厅外是熙熙攘攘的民众,他们有人身着黄背心高举"要公平""降房租"的标语,对生活中的遭遇表达不满,也有人打着"马克龙下台"的标语,表达对政治精英不顾社会现实的愤怒。欧盟的缔造者们早就意识到,欧盟不应仅仅是一项"政治工程",还应是"民众的欧洲","没有民众的合力,再好的理念也一无是处"。政治阶层的一厢情愿或许是欧洲一体化进程近年来举步维艰的主要原因,这使精英们驾驶的欧洲列车越来越远离民众。默克尔和马克龙应该是意识到了这一问题,在短暂的签字仪式之后,他们走向民众,与青年学生和市民进行了长时间对话,回答他们的问题。应该说这是接地气的一步,但民众在乎的不仅仅是你如何回答问题,最终在乎的是你如何解决问题。

时代发生了巨大变化,法德选择在查理曼(Charle-magne)帝国时期的一个都城亚琛签署两国友好条约,寓意深远,也让人联想到"帝国梦想"。法国和德国恰恰覆盖了往昔那个欧洲帝国的主要空间。查理曼的武功建立起统一的帝国,主导着欧洲的那段历史。如今已经不再是武功的时代,至少对欧洲如此,对法德也如此。这是个考验文治的时代。也正如马克龙所言,"欧洲不是帝国梦","欧洲不需要霸主",这表明法德融合不追求欧洲霸权。话是这么说,但要让欧洲人相信这一点,还需要具体行动,需要法德实实在在的榜样行动。默克尔说得更具体些:"我们要不断地更好地相互了解,不仅仅是语言方面,还包括精神方面和组织方面。"《亚琛条约》对此做出了系列安排,除了加强两国在外交和安全政策上的深度机制性协作与融合外,也对两国社会和民众的一体化确定了实质的措施,诸如相互承认中学毕业文凭,设立两国"二元"大学课程等。看得出,法德加大了两国社会制度共建的力度。这应该是朝着法德和欧洲社会构建的正确选择。

3. 马克龙执政中的问题①

选举胜利而执政失利,这几乎成了近三届法国总统的宿命,显示着选举政治的某些规律性的走向。2019 年 4 月,马克龙总统宣布了一系列改革措施,其中分量最重的是为

---

① 本节内容曾刊载在 2019 年 4 月 27 日上观新闻,原文题目为《马克龙到底做错了什么?》,此处略做修订。

工薪阶层降低所得税,保障退休金与通货膨胀挂钩保值发放,这些与2018年底承诺的最低工资政策相加就意味着政府将为民众送上高达160亿欧元的大礼!不仅如此,马克龙总统还要回应"黄背心"底层民众的要求,准备精简政治和政府机构,减少公共开支,甚至要对一向被认为是法国精英政治象征的国家行政学院动手改制。

一边准备送大礼,一边着手动精英阶层的奶酪,这样的总统本该让民众满意了。可情况似乎并非如此,《费加罗报》提供的一项民意调查显示,63%的人认为马克龙难以令人信服,80%的人预计"黄背心"还会继续抗争。这样的结果与他两年前赢得总统大选时的风光形成鲜明对比。马克龙总统到底做错了什么?

从社会大环境上看,法国社会阶层高度分裂,中产阶级普遍面临贫困化的危机感,因为一点燃油加税就上街抗议,席卷全国,不惜暴力骚乱;富者却可响应马克龙总统号召,瞬间一掷千金,巴黎圣母院大火刚灭,就已有富豪捐资10亿巨款。这是在关键的时刻、关键的地点集中演示了法国的贫富差距感。"为什么巴黎圣母院拥有一切,而悲惨世界却一无所有?"不满的人们愤怒责问,他们借用大作家雨果的经典作品《巴黎圣母院》和《悲惨世界》的情节抗议现今社会的不公和自己生活的艰辛。而马克龙总统给人的印象是,他站在了富人一边,受到了富人的支持,这强化了他因撤销财产税被称为"富人总统"的形象。在严重分裂的社会环境里，马克龙希望同时获得贫富左右各方的认可和支持，这要求太高，太难达到了。

从执政风格上看，马克龙总统上任伊始雄心勃勃，不仅要使法国繁荣发展，还要把法国带回到全球政治舞台的中央，为此他在国内大刀阔斧地进行改革，在欧盟和世界舞台上推行大战略。有评论称马克龙总统喜好大轮廓、大场景、宏大话语，就连总统府开放日也办得十分大气，体现出他亲民的意愿，但问题恰恰出现在看似微不足道的细节上。比如亲民的总统开放日成了他形象挫败的滑铁卢，当他对一位多方求职未果的年轻失业者说，巴黎到处都有招工需求，过条街就能找到就业岗位时，现场的视频被瞬间传遍网络媒体。愤怒的人指责他不谙世事，自大欺人，"傲慢总统"的别称已在所难免。再如，"黄背心"运动全国风起云涌之时，总统本人却千呼万唤不出来，以为连个像样带头人都没有的运动会自生自灭，直到出现不可收拾之势，才遣派总理出面宣布收回增加燃油税的决定。不仅如此，还大幅增加低收入阶层的收入，以期平息众怒，但已经太晚了，"黄背心"运动从反增税，到反政府，进而成了反马克龙的运动。无奈之下，马克龙总统启动"全国大讨论"，以向民众求振兴"法国未来"之策，对冲"黄背心"运动给他带来的压力。但蹊跷的是，他自始至终把"黄背心"排除在"大讨论"之外，于是就出现了十分怪异的局面："黄背心"的人不在现场,但"黄背心"无处不在。就连马克龙总统本人在讲话中也提及了"黄背心",舆论普遍认为讲话是对"黄背心"诉求的回应。一个对话人不在现场的对话,如何能达成一致或谅解!细节决定了大局。

曾经被民众奉为希望的总统,转眼之间成了"富人的总统""傲慢的总统",而他自己对此并没有充分认识,依旧坚持执政两年来没做错什么,甚至为"现代民主历史上未曾有过的"全国大讨论而自豪。有学者已经形容他是选举民主的"独裁者",他的内阁只是他旨意的接受者,他已远离社会现实。执政已近半场,焦头烂额的局面能否有转机,时代的巨变给马克龙总统出了太大的历史难题,他自己也给自己添加了诸多障碍。下半场如何,还难以乐观,改变时代环境太难,改变自己也难。

4. "黄背心"运动与分裂的法国社会①

这场史无前例的"全国大讨论"之后,法国"黄背心"运动和法国民众终于等来了马克龙总统的正式回应,他承诺降低所得税,不再关闭农村学校和医院,完善退休金制度,还列出一些包括关闭国家行政学院和缩小议会规模等方面

---

① 本节内容曾刊载在 2019 年 4 月 28 日《环球时报》,题目为《"大讨论"和"黄背心"反衬法国社会分裂》,此处略做修订。

的考虑事项,备受关注的财产税赋也被放进待考虑之列。"黄背心"人士的第一反应是:失望。可以预见的是,若能兑现总统承诺,法国未来是税降下来,但国家的债要升上去,依旧是寅吃卯粮的执政艺术。

这场为时 3 个月的大讨论是由总统本人倡议举行的,旨在回应"黄背心"运动的诉求,要"为法国的未来"问计于民,而且是"不设任何禁忌",总统府为此而感到骄傲,认为全球尚未出现如此大规模的直接民主行动。的确,参与的民众很多,媒体称有 50 多万人参与了近万场讨论,留下了200 万条书面的意见、建议和要求。

矛盾的是,作为整个事件原初推动者的"黄背心"运动却被排除在讨论之外,成了媒体大量报道"大讨论"之后的一点余音。因此,有评论形容"大讨论"是马克龙总统为弹压示威运动赢得时间的"烟幕弹",最终还是总统一人的独白。笔者在与法国各界人士交流中清晰地感受到,没人能说清总统会不会做出惊人的宣布,有的怀疑总统是否有能力这么做。"不是怀疑马克龙总统,而是怀疑任何一位总统,他们离现实太远。"一位大学教师这么说。巴黎一家智库的负责人则称,"最终还是一场'全国大秀'"。笔者的印象也是,法国人对大讨论还是比较关注,但对到底有什么结果不太关心。

"巴黎圣母院"和"悲惨世界"

唯有"黄背心"人士例外,他们很在乎政府的态度。"为什么让我们等 5 个多月却不给答复? 为什么圣母院刚着火,马克龙总统就立即表态将在 5 年内修复?""为什么那么快就有 10 亿欧元修建圣母院,而不给我们这些贫困的'黄背心'们?""为什么巴黎圣母院拥有一切,悲惨世界却一无所有?""黄背心"们很急切地等待"大讨论"的结果。

实际上,官方的大讨论和"黄背心"运动关注的议题高度一致,集中在税收、生态环保、国家治理和民主制度等方面,但实际上双方之间却有话题无对话,信任鸿沟不能弥合。

"黄背心"在法国官方话语中是"乱民"或"公共秩序的破坏者"。被认为是最有影响的法国公共知识分子之一的列维(Bernard-Henri Lévy)把他们比作纳粹分子,认为"黄背心的骚乱不是政治表达",就连闻名全球的齐泽克(Slavoj Žižek)也宣称,"黄背心"运动是毫无目的的混乱。在巴黎中心地区,有市民希望"黄背心"不要再闹下去了,有的认为马克龙总统手段太软,早就应该对"黄背心"的带头人采取强制措施。人们近来注意到,周末去巴黎市中心地区参加"黄背心"游行示威的人离开现场后很快就脱下黄背心,不希望被"城里人"识别出来。看上去,主要起于城市边缘和外围、进入法国政治要地巴黎中心的"黄背心"正在重新退回到他们的边缘地带,在繁荣的巴黎他们不受政府、知识界和富足市民们的欢迎。法国政府内政部长的态度十分坚决:不能让巴黎成为"骚乱之都"。新的反骚乱法赋予警察和政府更大的镇压权力,包括有权直接禁止可能危及公共安全的人参与游行示威,违者拘之,可监禁 6 个月并处罚款 7500 欧元;游行不可蒙面,违者将面临最高 1 年的监禁,处罚款15000 欧元。

民主与秩序

在政府、媒体和知识界一致的反暴力声音中,也夹着一些对"黄背心"的同情意见,"他们不采取暴力,就很难引起注意,暴力说明他们已经很绝望"。2019 年 3 月 16 日,在象征巴黎繁荣和法兰西文明的香街地区发生的暴力骚乱给巴黎留下了新的景象:奢侈品名店旁边站立着全副武装的宪兵守卫,布满闻名世界景观的大街上反恐士兵在巡逻,每至周末,核心街区及其周边交通被封锁。此巴黎非彼巴黎了,它让人无法不联想起这座象征现代工业文明和优雅生活的城市也有着革命暴力的传统:1789 年大革命,1848 年革命,1968 年学生运动,每一次革命都不乏暴力甚至血腥,每一次革命都伴随着大规模群众运动,把法国历史的进程从封建社会带入现代社会,进而创立共和,推行个性解放。攻占巴士底狱,"自由领导人民"与罗兰夫人断头台前的"自由哀叹"以及巴黎公社在过去半年多的时间里都和着灯红酒绿融进巴黎的气息中。源自巴黎的一波波革命浪潮曾经波及整个欧洲,乃至全世界,就像它每一季的时装和奢侈品吸引着全球时尚的追求,历史会如何记录"黄背心"? 有人说,巴黎不仅引领了时尚,更引领着革命,"黄背心"运动会是数字互联时代革命的雏形吗? 它会怎样影响到欧洲?

"法国人生活在天上,可自己总以为是在地狱里,游行抗议也是一种生活方式",一位大学文学教师视法国的"革命传统"和"抗议习惯"为平常。"和平久了,又不能打仗,就上街砸东西吧",一位中学生觉得游行示威像是游戏。但这次"黄背心"运动似乎与以往很不同。

政治分析人士认为,这场"黄背心"运动是法国第一次"无组织""不结盟""非传统"的运动:它没有严密的组织结构、固定的成员和公推的领袖人物,一切都在互联网上无形而迅速地聚合行动,在虚拟的网络空间里他们找到了自己的真实存在感,成了自己意见的主人,而在传统的意见空间里,他们充其量是被评论、被判断的对象。它既不靠左派,也不粘右派,而是自我组织,线上动员,结构松散,但直指法国政府和马克龙总统本人,从抗议政府提升燃油价格演变成一场要打倒马克龙总统的"倒马"运动。它不理睬各种建制力量的引诱利用,也因此被推到与各派传统精英的对立面上,受到冷遇和谴责,尤其是受到知识精英的口诛笔伐,这是历次"革命事件"中少见的现象。它与以往示威者多是通过罢工、罢学等方式达到自己的具体利益不同，其参与者都是利用自己周末的业余时间游行示威，显现出工作关乎他们的生计，他们是在为生活抗争，而不仅仅是把游行示威当作一种寻求生活刺激的体验方式。关于法国中产阶层贫困化的数据和分析已很多，"黄背心"运动或是一次还在演变中的现状表达。这样一些数据也说明着现实中矛盾不断积累的社会状况：官方统计①披露，2014 年前法国警察自杀人数多年年均 44 人，此后上升至 55 人，2019 年至今就已有 29 人，即每 4 天有一位警察自杀，警察从业人员自杀率比其他行业高出 36%。这可能是不断增强的社会压力向警察传导的结果。

民生与民心

一边是底层民众的"黄背心"，另一边是马克龙总统的"大讨论"，如何平衡两端，不使国家和社会滑向分裂和混乱，考验着马克龙总统和法国各领域权力精英们的智慧。"大讨论"一开始就把"黄背心"排除在外，这意味着平衡还没出现就失去了机会，对立似乎在所难免。根本还在于民生、民心和对民生、民心的感受与态度，巴黎圣母院的火烟还未灭尽，高调的修建计划和慷慨的捐献就得到了一些人颂扬，然而在底层的"黄背心"们眼中却被解读为对他们生

---

①　有关数据见法国内政部报告：Senatsbericht Juni 2018, https://deutsch. rt. com/europa/86968 – alle-vier-tage-bringt-sich-ein-franzoesischer-polizist-um/。

计诉求的藐视。

须知，包括巴黎圣母院在内的欧洲古老教堂不乏上百年的建设历史，百年历史是点滴积攒民心和信仰的过程，现如今要在5年内借助巨富豪商的慷慨解囊重新搭起曾经矗立过几百年的高塔不难，难的是怎样把民众的信心高高树起。马克龙总统刚刚宣布"大讨论"的结果，但最关心这些结果的人群——"黄背心"们已经失去了信心，他们的代表人士认为，马克龙总统"根本就不想纠正他的政策"，宣布的内容"令人非常失望，太含糊不清"。目前看，宣布结果之时又可能是新一波骚动之始。

二、德国政治与社会

（一）德国难民政策

1.“科隆事件”暴露政策漏洞①

德国科隆火车站广场在跨年夜发生了骚乱,有众多女性遭到侵扰,嫌犯包括申请入境的难民。随后的几天,一些愤怒的德国民众举行游行,对暴行表示抗议,同时对包括总理默克尔在内等德国高层领导也表达了强烈不满和问责要求。科隆市警察局局长阿尔贝斯(Wolfgang Albers)此前已被解职,以平众怒。笔者认为,科隆事件起码透露出德国面临的三方面深层次问题。

首先,城市治安问题暴露出政策漏洞。舆论对警方的办案效率纷纷表示不满。事实上,德国大城市火车站附近的治安情况每况愈下,是各类犯罪案件的多发地区,打架斗殴、盗窃骚扰事件被频频曝光。此次科隆骚乱发生的同时,汉堡火车站附近也发生了骚乱,报案数过百,其他城市也有

---

① 本书内容曾刊载在 2016 年 1 月 11 日《环球时报》,原文题目为《“科隆事件”未了,“破窗效应”已现》,此处略做修订。

类似事件。治安问题积累多年,导致城市安全感被削弱。

与此同时,德国各地警察人数却因政府紧缩公共开支而不断减少。过去15年中,联邦和各州共裁减警员约16000人,其中科隆市所在的北威州在1998年至2010年间减少了3252名警察。案件增加,警员减少,增减之间暴露出德国多年来在治安管理投入方面累积的漏洞。

其次,"科隆事件"暴露出德国社会在难民政策认同上的深刻矛盾与分裂。由于历史原因(纳粹主义),二战后德国社会精英对排外言行一直很敏感,尽力回避评价不同文化之间的差异和外国人的优劣,面对越来越多的外来移民和他们带来的异质文化,精英层大力主张接纳、宽容、共建"多元主义"的和谐社会。在这样的"政治正确性"原则下,宽容他者成为德国社会的道义理念和道义优越感的要素,任何对外来移民的不满都可能被贴上"排外""极右",甚至"新纳粹"的标签,受到媒体的谴责。

尽管近年来普通民众中的排外情绪不断涌现,但社会精英掌握的媒体仍十分"正面"。然而,2015年9月以来爆发的难民潮使双方的分歧进一步激化。越来越多的民众觉得在自己国家变成了"外人",不满和恐惧日益增强。"难民"和"谎言媒体"被评为2015年年度词汇,旁证了这一分裂。再加上受政府和媒体影响,德国警察通常对难民很亲切,强力部门不强,这从反面鼓励了犯罪行为。

再次,"科隆事件"暴露出德国的难民政策在欧洲陷入孤立。事件发生后,周边那些深受德国"欢迎难民文化"重压的国家表现出的是"幸灾乐祸"。捷克总理称,"谁把难民带回家,谁就该面对这些问题";保加利亚媒体认为默克尔总理把阿拉伯人和非洲人带回家,打开了他们"追猎"德国女人的大门。尽管德国一些媒体对来自邻国的"杂音"不以为然,但邻居的声音在一定程度上说明,德国政府在推动欧盟协调难民政策、呼吁各国多分担难民负担方面的努力缺乏广泛社会基础。作为欧盟领头羊,德国需要认真考虑,在难民政策上不要透支欧盟的承受能力,否则将动摇它在欧洲的领导地位。

"科隆事件"全貌还不清晰,可以看到的是,事件被选择性地高度关注,为德国社会那些希望正视难民问题的人打开了"突破口",也为周边国家告诫德国在难民问题上不要走得太远提供了"抓手"。应该说,"科隆事件"已经发挥了"破窗效应",德国联邦政府首次承认社会治安问题与难民之间存在着关联,包括默克尔在内的德国政界领袖要求对有犯罪行为的难民严厉执法。不过,官方目前确认有30多位避难申请者参与了骚乱,这仅仅是上千嫌犯中的很小一部分。所以,由此判断骚乱就是难民所为,恐怕太过简单。

2. 默克尔难民政策"失算"①

德国正处在难民危机之中,留给默克尔总理应对危机的时间不多了:她希望欧盟各国在难民问题上协调一致、共渡难关,反遭各国反对,德国空前孤立,欧盟空前分裂;她号召国民发扬人道主义精神,举国坚持"欢迎难民文化",但不堪重负的民众几乎怨声载道。这位半年前为大批叙利亚难民敞开国门、被誉为"妈妈默克尔"的全球年度"最强女人"面临着政治生涯中最艰难的考验。难民危机令她从民望的顶峰跌入低谷。笔者以为,默克尔至少在以下三个方面"失算":

在经济方面,听从专家和经济界的意见,认为接受难民对德国是大好机会,既可缓解人口数量下降问题,又可刺激经济增长,但忽略了过程与时间代价。

对大量难民的到来,专家们乐观建言,说这是德国难得的机会,将催生一波"难民经济景气"。经合组织专家 2015 年曾预测,政府救助难民的措施将刺激德国经济在 2016 年实现较高增长,德意志银行也预估"难民经济"将为德国经济增长贡献 0.25 个百分点,经济界普遍支持政府的难民政策,期待从中受益。② 专家们的乐观还在于,德国人口出生

---

① 本节内容曾刊载在 2016 年 3 月 7 日《环球时报》,原题目为《默克尔难民政策为何"失算"》,此处略做修订。

② 参见 https://mediendienst-integration.de/de/artikel/wie-wirkt-die-fluechtlings-migration-auf-die-wirtschaft.html。

率低,每年需要"补充"30多万人才可保持结构平衡,而大批
难民的到来恰好填补人口赤字,尤其是一半以上的难民年
龄在25岁以下,适应性强,加以培训,可长期保障人力供给。
另一方面,德国教育机构可为难民提供培训,全国闲置住房
多达200万处,其中有60万处即可腾出供难民居住,德国有
接受难民的能力。然而,相关政策因联合执政的各党之间
意见发生分歧而迟迟不能出台,具体措施也缺乏统筹,解决
问题的时机被一再延误。默克尔低估了政府内部政策协调
的难度,高估了民众的承受力和忍耐力,形不成有效的决策
和措施,良好的愿望脱离现实,机会丧失。

在文化方面,受救世价值观驱动,坚信德国和欧洲负有
人道和人权使命去拯救受苦受难的求助者,但忽略了难民
异质文化带来的剧烈挑战,道义制高点脱离现实就变成了
空中楼阁,撕裂了社会。

了解默克尔身世的人相信,她成长于一个基督教新教
牧师家庭,宗教救世思想使她不顾国内外压力,坚持向难民
开放的政策,却低估了难民引起的文化冲突。百万难民中
多数是穆斯林,早在10年前,一份政府部门报告就指出,德
国穆斯林居民比信仰其他宗教的人更有暴力倾向。近年
来,德国社会反对"伊斯兰化"的思潮渐成气候,跨年夜"科
隆事件"进一步激发了德国社会的不满,越来越多民众不愿
接受难民;一些社会精英甚至宣扬,穆斯林根本不可能融入

德国社会,他们将"把德国毁掉"。

不管真理在谁一方,现实是,从道义上解决难民问题已难获民众认同,"老好人"(Gutmensch)一词被评为德国 2015 年年度恶词,用以指称那些帮助难民的人们。这从侧面反映出德国社会在难民问题上已经分裂,道义原则无法解决问题。

在欧洲方面,默克尔希望欧盟免受难民潮冲击,竭力推进"欧洲解决方案",却遭各国反对,致使"欧洲解决方案"失败,涉及各国的难民问题演变成了"德国人的问题"。

2015 年夏季,在大批难民涌入、欧洲面临人道和道义危机的关口,默克尔挺身而出为难民大开国门,德国成了难民的"圣地",默克尔成了难民的"妈妈默克尔"。但德国对难民的"欢迎文化"给不愿接纳难民的沿途国家造成沉重的经济和道义压力,一些国家领导人甚至认为,难民的到来就是"外族入侵",德国的"欢迎文化"鼓励了异族侵入。因此,当默克尔提出加强欧盟外部边界管控、各国不可设置接纳难民上限、保持盟国内部边界开放、分担难民的"欧洲解决方案"时,她遭遇了阻力,德国陷入孤立,就连亲近的邻国奥地利都撇开德国,召集巴尔干国家另起炉灶,严控难民进入本国。

德国的方案有其合理性,智库巨头贝塔斯曼基金会(Bertelsmann Stiftung)预测,管控内部边界将在 10 年内给欧盟造成至少 4700 亿欧元的损失。[①] 但伙伴们不听德国的"好人善言"，原本要率领欧盟为大家解决麻烦的德国自己却成了大家的麻烦。

欧洲难民危机并没有因默克尔"欧洲解决方案"失败而消失，反而在进一步激化中，当前被阻挡在希腊和马其顿边界的难民随时可能触发人道灾难。事态的发展也许会证明，默克尔的政策是对的，但那只是"未来的正确"，而民众关注当下，他们要安宁，不要难民，默克尔对难民开放边境的政策违背了民意。政治家只有经济和道义的考量是不够的，更要顾及本国甚至相关国家民众的接受程度。否则，徒有良好愿望，到头来可能事与愿违。

（二）德国政府

1. 地方选举结果的警示[②]

2016 年，德国总理默克尔领导的基督教民主联盟（基民盟，CDU）在巴符州、萨安州和莱法州的选举中全线失利。

---

① 参见 Bertelsmann Stiftung（Hrsg.），Holger Bonin：Der Beitrag von Ausländern und künftiger Zuwanderung zum deutschen Staatshaushalt，https：//www. bertelsmann-stiftung. de/de/publikationen/publikation/did/der-beitrag-von-auslaendern-und-kuenftigerzuwanderung-zum-deutschen-staatshaushalt/。

② 本节内容曾刊载在 2016 年 3 月 14 日上观新闻，题目为《德地方选举执政党败北不仅仅是"惩罚"默克尔》，此处略做修订。

在传统堡垒和票仓巴符州得票数较上届选举大跌 12%,屈居议会各党第二,创历史新低。与此同时,反对现行移民政策和文化多元的新兴政治力量选择党(AfD)则大获全胜,不仅进入三州议会,而且在巴符州和萨安州得票超过百年大党社会民主党,成为两州的第三和第二大党。

尽管是德国地方选举,但国际舆论给予了高度关注,普遍认为这是对德国政府难民政策的考验,基民盟的失利是对默克尔总理难民政策的惩罚。笔者以为,三州选举释放的信号需要深一层观察,表面上看是选民不接受默克尔的难民政策,实质上是网络时代民众对传统精英政治的实质挑战。

首先,日趋精英化的传统政党越来越脱离社会现实、"自娱自乐",引起民众不满。三州大选中传统大党普遍失利,其中损伤最惨的是有着 150 多年的悠久历史的社会民主党,而历史刚 3 年的选择党却异军突起,在萨安州得票数几乎超过社会民主党一倍,离基督教民主联盟也仅 5 个百分点之差,直逼第一大党高位。德国一些政治分析家认为,传统执政党越来越精英化、职业化、集团化,它们把精力集中在党争权斗之上,脱离民众的现实生活和切身需求,引起广泛不满,是"咎由自取";精英控制的舆论更多地为政治精英摇旗呐喊,引起民众的逆反。德国 2015 年爆发的难民危机集中反映了精英与民众之间的矛盾,选择党正是借力于此,大张旗鼓地反对政治精英和媒体精英,为选民表达对主流政治的不满搭建了一个平台。选前民调显示，相当多的选民表示，投票给选择党不是因为拥护该党，而是抗议那些在台上的政党。

其次，以互联网为代表的新型传播技术被广泛使用，传统精英获得和掌控信息的特权被打破，一国或国际间所有事件瞬间在网络上传播，民众不仅与精英们在获得信息的渠道和时间上"平起平坐"，而且迅速地形成自己的观点和意见，直接构建起自己的舆论空间，传统精英主导的官方舆论失去了往日的霸主地位，甚至因官僚体系的层层传递反应缓慢，处于被动。选择党此次在竞选中就不断对传统媒体发起攻击，甚至宣称媒体和政府在接受难民问题上联合起来"出卖德国利益，是国家利益的叛徒"，选择党摆出为民请命、替民出气的阵势，赢得了很多选民。

三州选举选择党脱颖而出，为德国各传统政党敲响了警钟，也给下一步各州组阁出了难题，因为所有传统大党在选前都表示不会与选择党合作，但选举结果是，没有哪一个传统政党有实力单独或简单与其他已有政党联合组建政府，它们必须面对新的赢家。一般预测，基民盟和社民党将不得不收拾局面，组成大联盟政府，一致对付选择党。如此，选择党将进一步高举反对党的大旗，利用议会等新获得的政治资源，扩大自己的影响力，在各州继续扩大地盘，迎接明年秋季的联邦大选，对默克尔及其领导的大联盟政府构成直接威胁，冲击德国现有政党生态。这意味着德国政局的不确定性趋强，社会分裂加深，政党结构面临重新洗牌。与此关联，德国对外政策将更加受内政制约，这其中就包括解决当前欧洲难民危机的道路将更加曲折。

2. 德国的"扩军"计划①

2016 年，时任德国国防部长冯德莱恩（Ursula von der Leyen）宣布，到 2023 年，德国将扩军 7000 人，新增军队文职人员 4400 人，随后还将陆续从装备、预算和人员三方面强化军力。这一"扩军"计划引起广泛关注。

实际上，德国在冷战后一直在军事上保持减缩和谨慎政策，甚至一度在对外关系上推行"非武力强国"理念，施罗德（Gerhard Schröder）总理拒绝参加美国领导的伊拉克战争就给世界留下了深刻印象。德军规模从 1990 年两德统一暨冷战结束时的 58.5 万人减少到目前的 17.7 万人，这可被视为德国推行"非武力"对外政策的结果。正如冯德莱恩所言，现在提出增兵扩军标志着冷战后德军减缩政策的终结。

尽管增兵数量不多，但其象征意义值得探究。用兵为战，而"战争是政治的延续"，此次德国"扩军"给出的明显信号是，军事在德国对外政策选项中的分量得到加强。而这

---

① 本节内容曾刊载在 2016 年 5 月 12 日《环球时报》，原题目为《德国"扩军"，世界缺"非武力"智慧》，此处略做修订。

可能是因为德国感受到以下几方面的威胁：

来自东方的威胁。俄罗斯始终是德国外交的核心参照系，精英们认为近年来俄罗斯不断在乌克兰和叙利亚等国家和地区使用武力，显示出冷战后温顺的北极熊已变为"好战的猛兽"，必须加以防范，德国推动欧盟与乌克兰签署联系国协定就是防范措施之一。同时，德国还加强了在波罗的海北约盟国中的军事存在。

来自网络的安全威胁。网络安全形势日益严峻，有报道称德国每天至少遭受 6500 次网络侵袭，承受着严重的安全和经济损失。美国等国早已建立网军，北约也将在 2016 年 7 月的峰会上商议网络战计划，把虚拟空间纳入同盟的共同军事行动范畴。冯德莱恩称，德国在网络防卫领域已经落后，要迎头赶上，并于 2016 年 4 月底宣布成立由 13500 名士兵组成的网军。

来自恐怖主义袭击的威胁。巴黎多次血腥的恐怖袭击是欧洲安全的"硬伤"，法国在德国等盟友支持下发动的反恐战争至今难有"决战"和"凯旋"，但恐怖主义的进攻却随时可能再次发生。这颠覆了战争的时间和空间界限，也降低了国家和社会的安全感。另一方面，大量域外难民的涌入是欧洲安全的"软肋"，不断发生的疑似难民引发或针对难民的暴力袭击使德国社会日趋不稳，解决难民问题需要综合对策，其中就包括军事上对外防卫欧盟外部边境、对内预防不测事件的发生。

增强军事实力和军事存在可以给德国推行"有作为的外交"提供支撑,提高德国承担国际安全责任的显示度,也给国内社会和民众的安全需求提供可靠依托。德国有足够理由去加强军力,但或许也应意识到,当今世界不缺武力,伊拉克战争和延续至今的中东安全危机一再表明,军事能够提供安全或推行利益的空间有限,国际社会更缺乏的倒是"非武力"智慧。德国曾为此大声呼吁过,包括默克尔总理在面对难民危机时竭力推动的"欢迎文化"也为解决全球问题提供了道义视角。虽然德国未获得盟友的响应和支持,但无损德国有国际担当的形象。

3. "后真相时代"[①]

三组词大致可描绘德国总理默克尔 2015 年至 2016 年的政治际遇:"欢迎文化"(Willkommenskultur)、"老好人"(Gutmensch)和"后真相"(Postfaktisch)。2015 年夏,默克尔总理基于道义理想原则主张对难民采取"欢迎文化",但到年底时"欢迎文化"遭遇年度词汇"老好人"的冷峻讥讽,激烈的评论甚至称那些被欢迎进来的是外族"入侵者";2016年则伴随着科隆元旦之夜的骚乱开始,直到年底圣诞夜前

---

① 本节内容曾刊载在 2016 年 12 月 30 日《环球时报》,原题目为《默克尔面临的"后真相时代"》,此处略做修订。

夕位于柏林中心的圣诞市场遭受袭击。

分裂不仅已经发生,而且正在加剧,难民问题正在被别有用心的人转换成政治筹码,而作为政治制度核心的政府和社会精英阶层受到越来越大的冲击。在此情势之下,德国语言研究所选择"后真相"作为 2016 年年度词汇,此举一般被解读为精英阶层在告诫民众不要轻信右翼极端的蛊惑,要关注真相,有德国学者认为这也是针对极右政党的舆论攻势。

德国语言研究所这样解释"后真相":决定公众讨论的不是客观事实和专业观点,而是情绪、感觉和个人的意见,越来越多的人反抗那些"高高在上的人",为此宁可对事实视而不见,却接受"显而易见"的谎言。"后真相"一词反映出政治文化在发生深刻变化。就全球而言,美国总统大选提供了互联网社交媒体助推"后真相时代"政治演绎的经典模板,其本质是真理和真相失去了意义,关键是感受和情绪。只要能获得权力,可以不择手段,无所谓道德和伦理。曾经为"互联网自由"欢呼、捍卫"互联网民主"的传统政治精英们开始变得忧心忡忡,关于互联网促进开放、带来自由的神话遭到颠覆,社交媒体被看作是传播"非真相"罪孽的祸首。

2016 年,默克尔领导的基督教民主联盟在多个地方选举中屡战屡败,使她深切地尝到了"后真相"的苦头。新生

的极右政党选择党却凭借反难民、反伊斯兰化的口号节节
胜利,成为瓦解默克尔民意和政治基础的主要力量,是德国
"后真相"政治生态的最大受益者。有人说,严酷的现实使
默克尔终于发现了"感觉"的重要性,德国正在跟随整个西
方世界,尤其是从美国和英国刮起的"感觉政治"风。默克
尔似乎为她2017年的大选谋定了策略,但她并不是跟着感
觉走,而是要对付感觉,管控感觉:先是政府情报部门出面
告诫民众,俄罗斯有可能通过制造网络媒体假新闻和假事
件干扰大选;之后是政府司法部门出面警告脸书等社交媒
体要自我删减不实信息和人身侮辱,否则将处以重罚;再后
是联邦立法机构出面,讨论制定法规,惩处制造、传播假新
闻、假消息的违法行为。不难看出,柏林正掀起一场针对
"后真相"社会的反击,这让德国和默克尔在西方政坛上显
得独树一帜。

2017年,默克尔将面临一场"后真相时代"的大选,跟着
感觉走不是她的执政强项,可让民众相信她执政的真相和
事实却变得越来越难以把握,但她在坚持,这颇有西西弗斯
神话的色彩。或许应该进一步反思:选民们不再关注真相
的现象与"后真相时代"无关,而是对制度承诺的厌烦,是因
为他们久久盼望的变化并没有发生。

4. 联邦议会选举与德国政治生态①

2017 年联邦议会大选前的冲刺阶段没有出现异常激烈的"白热化"。与人们的预期不同,这场大选基本上是有战场无战斗,甚至连"像样的"硝烟都没有,似乎所有人都清晰地看到了默克尔获胜的结局。现任总理、基督教民主联盟主席默克尔与挑战者社民党主席舒尔茨(Martin Schulz)的电视辩论"对决"也未展现出交锋场面,默克尔成为唯一主角,掌控着各项议题。

到目前为止,2017 年德国大选给人的印象是"连对手都不想打败对手",这与 2016 年美国大选中"肮脏的"戏剧性情景截然相反。已经习惯观赏激烈选战的一些美欧媒体感叹,德国的选战"太静了"。

有分析称,德国近乎"祥和"的选情源于其文化中的理性传统,归功于默克尔执政有方。德国"风景这边独好",对普遍遭受内政困局的欧美国家来说可谓是稳定剂、榜样和希望。但笔者认为,德国身处欧美政治整体上此起彼伏的波涛中,很难独善其身,可能导致德国内政方面出现社会冲突和政府危机的因素不可忽视。

当前的德国大选选情及其国内政治生态,首先,得益于动荡的国际形势,尤其是欧美国家的乱局。2016 年美国大

---

① 本节内容曾刊载在 2017 年 9 月 7 日《环球时报》,原题目为《德国"风景独好",仍难独善其身》,此处略做修订。

选和随后特朗普总统持续的"乱政",让德国民众目睹了民粹主义和非理性选举的后果,也认识到依赖美国这位"老大哥"的时代即将终结,必须自稳阵脚。

在欧洲,北部的英国"脱欧"乱局使普遍具有欧洲主义倾向的德国人更加警觉,英国"脱欧"到底会给德国带来多大的经济和政治损失,至今仍是压在德国人心头的乌云。东部的波兰和匈牙利等国在难民和欧洲一体化等问题上不断挑战德国的权威,而普京领导下的俄罗斯被许多德国人尤其是媒体精英认为是对欧洲安全的威胁。

美欧之外,西亚北非依然战乱不断,大批难民等待着逃往欧洲;欧洲与土耳其的关系深陷危机甚至随时可能崩溃,或将引发又一波大规模难民潮,出现 2015 年夏天那样对德国人而言噩梦一样的混乱。国际环境的乱很大程度上促进了德国大选和国内政治的稳,或更准确地说,催生了德国选民求稳的心态。

其次,得益于默克尔执政以来国内经济发展的良好基本面,但潜在问题也在酝酿,有些问题甚至已经凸显。默克尔执政的 12 年里,德国经济稳中有升,实现了政府财政无赤字,社会失业率从她刚开始执政时的 11.7% 下降到目前的 6.1%,这些使德国成为西方主要经济体中的佼佼者。

但另一方面,经济发展和财富积累的同时,财富分配日益成为突出问题,尤其是老年人贫穷现象趋于严重,法定退休金占在职净收入的比例从 2005 年的 52.6%下降到 2017 年的 48.2%；多年困扰民众的教育机会和教育质量问题没有得到满意解决，反而更加严峻；广受关注的治安和反恐问题依旧困扰民众。

再次，得益于默克尔本人执中稳重的执政风格，以及德国政坛目前没有与她旗鼓相当的对手，但她也面临观而不为、谋而不断的批评。执政 12 年，默克尔在国内外都积累了丰富的经验和较高的声望，她遇事时静观其变、顺势而为，在纷繁多变的国际环境和内部挑战中显得颇有独特之处，尤其在欧美近年来频遭民粹主义和极端主义侵袭时，发挥了平衡各种政治力量、稳固人心的作用。当前，欧美各国领导人大多为内政问题所困，不少西方媒体视默克尔为欧洲一体化的核心推手、当今西方世界的领袖和全球化的捍卫者，也是抑制德国国内右翼民粹主义势力的强力人物，这些都对默克尔竞选连任有利。

大选的参选对手缺乏与默克尔抗衡的足够实力。与以往 3 位竞选对手相比，默克尔的挑战者舒尔茨尽管担任欧洲议会议长多年，但在德国国内除担任过一个 4 万人小城的市长外，别无其他从政经验，这被认为"先天不足"。对默克尔来说，这无疑是一种幸运。

另外，还有颇具悖论色彩的一点，就是随着时间推移和恐怖袭击在欧洲的"常态化"，不久前还严重威胁默克尔执政地位的难民危机,已不再是选民最焦虑的热点。此前对默克尔的"怨恨"在消退,尽管危机本身还远未得到解决。德国国内舆情分析显示,2017 年初难民问题还高居德国民众关注问题的榜首,而到 8 月底已落到次要位置。

综合看来,相对欧美各国纷扰不断的政局,德国大选和国内政治生态确实表现出某种"独树一帜"的温和,默克尔的地位也较稳固,获选连任的概率很高,在这点上,连反对派都很少有人怀疑。

虽然德国大选的结果似乎没有什么悬念,但棘手的问题或将在大选后进一步显现。可以预见的是,默克尔领导的联盟党难以独大执政,而与哪一个或哪几个政党结盟组阁,如何协调不同政治力量应对诸如教育、老龄化和治安等迫在眉睫的问题,将会引发一场考验默克尔和其他主要政党力量和智慧的争斗。

对默克尔本人而言,大选前本党各派为了共同利益而追随她共克时艰,但一旦大选获胜继续执政,可能就会面临党内利益格局的重新调整,"内战"在所难免。这也许将动摇默克尔的党内地位,动摇德国政局目前看似稳定的局面。在柏林政治圈内常听到这样一句话:默克尔不是一个人,而是一个体系。默克尔不稳就意味着德国不稳。

5. 足球与德国政治①

足球在德国承载着根深蒂固的政治功能。德国社会对足球的政治解读，与该国战后历史密切相关，甚至一些政治学家把足球胜负当作观察德国政局的晴雨表和风向标。

第二次世界大战后，德国深陷战败的困境，遭到国际社会的惩罚和孤立，高傲的日耳曼民族深深地低下他们的头颅。在寻找重新站立的艰难时刻，足球把这个被世界孤立的弃儿从绝望泥潭中拯救出来：1954 年，联邦德国足球队在瑞士日内瓦赢得世界杯冠军，终于使德意志的国歌又回响在国际社会舞台上。那一刻被史学家称为"联邦德国真正诞生的时刻"，球员们被尊为"人民英雄"，受到联邦德国各地民众的欢迎，他们的形象被塑造成雕像在各自家乡受到持久敬仰，足球成为德意志民族神话的一部分，与战后联邦德国的"经济奇迹"相映生辉。

从那时起，德意志足球精神被定义为"人人为大家，大家为人人"，那是集体的奋斗和集体的荣耀，诠释着"德意志战车"在世界足坛上的征战。

20 世纪 90 年代伊始德国迎来民族统一，统一的德国足球队在意大利世界杯上获得冠军，德国人向教练贝肯鲍尔（Franz Beckenbauer）送上"足球皇帝"的皇冠，那一年，足球

---

① 本节内容曾刊载在 2018 年 7 月 3 日《环球时报》，原题目为《足球，观察德国政坛的晴雨表》，此处略做修订。

的胜利成了德意志重归统一的最好献礼。也是从那时起，"爱国主义"这个德国人在战后不敢触及的字眼重新在德意志大地上复活，那是胸怀宽广、多元包容的爱国主义，足球是鲜活的榜样。德国队成了多元文化的教科书、模范生。进入新世纪，有着土耳其、波兰血统的球员成为有生力量，他们作为新一代德国人在绿茵场上为新的家乡出征，著名的土裔球员厄齐尔（Mesut Özil）和波兰裔球员波多尔斯基（Lukas Podolski）甚至代表德国分别把球踢进他们各自祖国的球门，表达出对新的家乡德国的"忠诚"。

　　然而，时代在改变，随着难民危机的深度发酵，爱国主义褪去多元主义色彩，变成斤斤计较的意识形态，德国从包容走向"主导文化"，足球也开始变成"爱国主义"的论坛，不时透出民族主义气息，这给非德裔球员带来心理压力。足球变成意识形态的表达方式。在 2018 年"世界杯"之前，德国媒体针对国家队球员，特别是两名土裔球员的讨论完全政治化、意识形态化，攻击他们是埃尔多安（Recep Tayyip Erdogan）的代言人。这样的意识形态攻击毒化了德国队备战的氛围，瓦解了军心。

　　结果是德国足球队在小组赛中提前出局，创下了这个被战后德国誉为"人民英雄"的队伍的最差纪录，德国舆论哗然，举国谴责声此起彼伏。足坛掀起一场海啸，其势凶猛，甚至波及政坛，有颇具宿命色彩的评论称这场失败预示

德国政坛即将出现震荡,国家队教练勒夫(Joachim Loew)来
日无多,默克尔总理领导的执政联盟也面临严峻的考验。
连德国国家电台都有这样的评论:败阵的国足归来,他们穿
着黑色服装,面部表情凝重,像是参加葬礼,要埋葬足球的
梦想,要结束一个时代。

　　就在德国足球队失利后的那个周末,默克尔总理联合
政府内的姊妹党基督教社会联盟就难民问题发难,大联盟
政府陷入危机,而此时,德国的足球危机还在进一步发酵。

(三) 德国社会

1. 国内安全挑战①

　　2016 年 7 月 18 日到 24 日短短一个星期内,德国连续发
生 4 次恶性袭击事件,经历了"恐怖一周"。因为凶犯都有
难民或移民背景,德国政府的难民政策再次受到空前质疑。
虽然表面上看难民或移民"难脱干系",但深究背后本质不
难看出,难民只是问题的结果,而原因则多元复杂,至少涉
及以下方面:

　　首先,国际干涉主义与恐怖主义存在必然联系。国际干

---

　　① 本节内容曾刊载在 2016 年 7 月 28 日《环球时报》,原题目为《接连遭袭,德
国这是怎么了》,此处略做修订。

涉主义破坏了主权国家的政府和边界，使一国的问题迅速蔓延成区域问题。美国推动的"民主化"进程打开了潘多拉的盒子，导致极端恐怖势力在西亚北非地区肆虐。被迫逃离"民主化"失败地区的民众进入欧洲成了难民，但他们发现欧洲的门不好进，进来也不好受。加之恐怖组织影响，其中一些难民就很可能变成恐怖分子。据德国媒体报道，7月24日巴伐利亚安斯巴赫恐袭凶手就是来自叙利亚的难民，其避难申请被拒，多次被要求离开德国，已经"走投无路"。

其次，被称为社会稳定支柱的中产阶层在德国不断萎缩。统计①显示，德国中等收入阶层数量正在持续减少，过去15年里减少了550万人，而且这种趋势还在加剧。虽然基于技术进步等因素，德国全社会的财富不断增长，但再分配的制度调整越来越有利于垄断的大企业、大资本，中产阶层难获其益。政策失误、结构失衡导致贫富不均、社会分裂、底层上升机会越来越少、犯罪率不断攀升。有人说违法移民提升了犯罪率，但对一个1/5的人口都是移民或有移民背景的国度来说，再区分是否为"德国原居民"无助社会治安改善，只会加剧社会分裂。富国的贫困现象更具撕裂力量，青少年更易受到侵蚀和伤害，其中一些孩子因贫穷而被

---

① 参见 https://www.bertelsmann-stiftung.de/de/unsere-projekte/abgeschlossene-projekte/wirtschaftliche-dynamik-und-beschaeftigung/projektnachrichten/mittelschicht-schrumpft-seit-15-jahren/, zugegriffen am 18. Juli, 2016。

另眼相看甚至受到欺侮,忍无可忍之时便肆意报复社会,走向极端。2016 年 7 月 22 日慕尼黑惨案的凶犯就属此类。

最后,网络技术主义加剧恐惧蔓延,甚至诱发极端行为,变成恐怖主义的"有效工具"和社会不安的诱因。其一,极端主义借助网络传播极端思想并诱发"独狼"袭击,在维尔兹堡恶性砍人事件和慕尼黑惨案中,网络要么扮演了恐怖主义遥控动员的工具,要么成了行凶者的"模仿指南"。其二,案件一旦发生,网上各种信息瞬间交汇传播,政府和民众来不及研判真伪又不得不信,结果导致二次伤害。慕尼黑惨案一人行凶,网上却传多名凶犯持枪在逃,政府宣布全市进入紧急状态;民众则惶恐不安,甚至"谎报凶情",还有 100 多人无端到警署"避难",慌乱中发生的自伤数量远多于凶案直接伤者。其三,政府在失去信息掌控力的同时也丧失了"权威信息"的公信力,联邦政府呼吁民众保持镇静,称难民与凶案无必然联系,但这在网络上迅速遭到攻击,民众与政府空前对立。还应看到,网络使人越来越"去社会化","独狼"频现加剧了社会安全的不确定性,极大动摇了民众的安全感。而这正是极端恐怖组织期待的效果,它们因此受到"鼓舞"。

为免遭受更多暴力袭击,德国需要全面分析造成目前不安局势的国际国内原因,对症下药,综合施策。

2. 技术移民政策①

在持续 20 多年反复争论之后,德国《技术移民法》(Fachkräfteeinwanderungsgesetz)②终于在 2020 年 3 月 1 日生效,此举被称为是德国人口政策的历史转折点。按联邦内政部长的说法,新法将确保德国获得必需的外来人员进入劳工体系,而不是进入社会福利体系。这两个视角也恰恰是德国围绕移民问题几十年争论的焦点,政界和社会各界对此各执一词,难以达成共识。赞同的意见坚称,没有外来人才补充,德国经济将面临用工荒的困境,老龄化的社会将缺乏活力,德国应该效仿美国和加拿大成为多元文化的移民国家;反对的意见则认为,大量移民会冲击德国主导文化,引发德意志民族身份认同危机和社会价值分裂,德国不应成为移民国家。新法定名把"技术"和"移民"联系在一起,应该是兼顾移民现实的同时,突出"技术"需求,回应社会存在的顾虑和反对。

回应引进人口客观需要

从数字上看,现今德国人口中近 1/4 的人有移民背景,其中持外国护照的常住居民过千万,由此观之,德国可算是一个典型的移民国家。尽管如此,多年保持良好发展势头

---

① 本节内容曾刊载在 2020 年 3 月 6 日《环球时报》,题目为《德技术移民法为何争了 20 年》,此处略做修订。

② 《技术移民法》全文及相关解释,参见 https://fachkraefteeinwanderungsgesetz.de/。

的经济界在用人方面依旧是供不应求。德国工商大会一项对23000家企业的调查[1]显示,一半以上的企业认为最大风险是用工荒,经济界多年前就呼吁政府放宽引人条件,满足企业用工需求。另一方面,德国自身人口负增长和老龄化的趋势已是常态,劳动力的自我生产能力不断下降,只能靠外来人口补充自身缺口,否则就有种族衰亡之虞。

虽然德国历届政府都认识到人口问题的严峻性,也不断调整移民政策,但顾忌到社会对移民问题的激烈争论,均不敢在移民问题上做大动作,此前对移民都附加了优先考虑德国和欧盟居民以及特定岗位就业等诸多限制。主要执政党基督教民主联盟就曾于2010年发表纲领性文件,不赞同把德国定义为移民国家,认为没有必要从其他文化圈输入人口。然而,数据和现实都表明,企业用人需求是刚性的,德国自身人口出生率下降的趋势难以扭转,加之本国青年学习科技专业人数不足,制约着供给技术人才的能力,人口问题日益成为德国经济社会的尖锐的综合性挑战,各方政治力量最终不得已承认"必须输入人口"这一客观现实。2018年12月,联邦议会朝野各党以绝对多数通过了新法,德国在移民政策上才迈出了一大步。

---

[1]　关于德国工商大会(Deutscher Industrie- und Handelskammertag, DIHK)的调查情况,参见 https://rp-online.de/politik/deutschland/dihk-umfrage-mehrheit-der-firmen-sucht-fachkraefte-ausserhalb-der-eu_aid-35206335。

　　新的《技术移民法》取消了优先考虑雇用德国和欧盟居民以及限定岗位等规定，为引进欧盟以外移民打开了大门，同时，把"技术人才"定义为具有大学学历的专业人才或接受过两年以上职业培训的人，不再仅限于大学毕业，这大大拓宽了引进人才的范围，即只要在一定年龄段，具有相应的德语水平，来德求职就业就可以符合移民德国的条件。这意味着，德国对本国、欧盟及欧盟以外人员全面开放劳动力市场，反映出其人口短缺问题的严峻以及依赖移民解决人口问题的迫切。过去若干年，由于移民主要来自东欧国家，使德国饱受"抢夺人才"的诟病。欧洲大陆整体人口下降，各国普遍缺人，尤其中东欧国家人口流失严重，自然对德国不满。

兼顾经济需求和社会融合

　　新法放宽了移民德国的条件，但并不意味着降低了门槛，而设置更有针对性的实际用工以及社会融入要求，具体体现在职业资格认定和语言条件上。在资格认定方面，全国设立 1500 个职业培训资格认证点，牢牢把住移民申请人的"技术水平"这道入门关口，确保移民质量与企业实际需求高度匹配，使移民质量不只是以空泛的文凭来衡量。可以说，整个认证系统是德国在全球范围内掌握和选择人才的网络。在社会融入方面，德国政府吸取以往重引进、轻融入的教训，特别强调移民要有基本的德语水平，要把融入措施前置到目标国,具体措施则通过经济组织和社会组织去完成,使融入做得更早、更有针对性。人们注意到,在新法生效之际,默克尔召集政府、经济和社会团体以及外国人社团代表参加"融入峰会",会上着重强调移民的社会融入在新法中的重要意义,这透出德国"移民和融入兼重"的策略。

人们注意到,新法特别青睐年轻人,为未来储备人才,规定 25 岁以下的外国人甚至可以申请 6 到 9 个月的签证,赴德寻找培训岗位或申请大学。他们在求职过程中还可以试工,哪怕是一周 10 小时以内的试工。此外,对 IT 领域的专才也规定可以暂无德语基础,使急需行业的移民引才更加灵活。德国雇主联合会主席克拉默(Ingo Kramer)称赞新法,但也提醒管理层不要为引进人才设置不必要的官僚障碍,同时,他呼吁企业要为移民融入德国社会创造条件。

移民问题承载社会分化压力

如前所述,移民问题是德国社会和政治生活中的敏感话题,包括基民盟在内的政治力量多年持谨慎态度,不赞同官方将德国宣布为移民国家。当前,德国社会的右翼极端主义兴起,人们没有忘记 2015 年难民潮带来的冲击,极易不加区分地把难民和移民一同排斥,新法难免受争议。人们注意到,选择党对新法投了反对票,认为新法将被外国人滥用,成为他们"入侵"德国的大门。除了政界的反对意见外,还有舆论认为,应该挖掘本国就业潜力,诸如提高女性就业程度,提升教育系统培养学生就业能力,增加学习科技专业学生比例等。先穷尽本土的就业潜能,之后再考虑从国外引入技术移民。还有人认为,新法出台的时机不对,担心明天的就业市场根本不需要今天招来的外国技术移民。以德国最重要的行业——汽车制造业为例,该行业从传统燃油车向电动车转型,随着生产数字化程度的提高,行业将出现大规模失业。

对新法未来实施的效果,有专家表示怀疑。莱布尼茨经济研究所(Leibniz-Institut für Wirtschaftsforschung)研究员就认为,相对美国和其他国家,德国对高收入人群的课税高。近年来,社会右翼极端主义、种族主义以及排外情绪蔓延,针对外国移民的暴力事件频发,这些都让外国移民无法获得真正的安全感。因此,德国不太可能成为高端技术移民的首选国家。

总体来看,德国推出新的技术移民法是不得已而为之,经历了各方长时间讨论的过程,以求在经济发展需求和社会融入要求之间找到平衡。年龄老化,出生率低,对口学生少,自身人口的数量和质量无法支撑本国社会经济的发展是根本原因。在知识经济时代,知识已经成为国家竞争力的核心要素,知识的关键是掌握科技创新能力和熟练技术能力的人才。工业化程度高的国家普遍面临人口下降的问题,各国在全球范围内争夺人才的趋势很难避免。但如何

使移民带来的不同文化有机地融入主流文化,不产生自我
异化和文化孤岛,在相互融合中形成共有共享的文化共同
体和价值认同,是比解决经济劳动力需求更加艰难和持续
的问题,而这事关国家的政治安全与社会稳定。获得人才
的数量和发挥人才的质量,越来越考验一个国家基于国家
和社会治理的综合实力。当然,最理想的是提升本国人口
质量,保持规模与质量的平衡。

3. 以"分"为主的德国政治与社会[①]

2019 年,德国发生的事纷繁复杂,但我们还是可以从中
看到一些趋势性的特征,诸如经济向好、政治分化、社会分
裂、思想纷争,大致上可以用"分"来描绘 2019 年的德国。
最大的议题当属默克尔总理本身,"默克尔没下台是个大问
题,但好在默克尔没下台",一位德国资深学者这样评价
2019 年德国局势,意思是说,"默克尔是德国所有问题的问
题,但没有默克尔的领导,德国的问题会更大"。的确,2019
年的德国政坛惊心动魄,尽管"倒默派"期盼默克尔早日交
出权力,但也深深担忧默克尔一旦离开,留下的权力真空会
给德国带来巨大的政治震荡,对公开谈论"后默克尔时代"
还是小心翼翼。

---

① 本节部分内容曾刊载在 2020 年 1 月 2 日《解放日报》,原题目为《走过分裂
的 2019,德国或将迎来暴风雨前的平静?》,此处略做修订。

　　第一,经济向好发展,出台《国家产业战略 2030》①却标志着德国自由市场经济学说发生"历史性转变"。

　　尽管低速增长,但德国经济在 2019 年依然保持了连续10 年的不间断增长势头,加之 12 月份 IFO 商业景气指数上升到 96.3,走出了 2019 年上半年一度出现的下滑趋势,为下半年最高水平,这增强了人们对德国经济未来发展的信心。失业率下降到 4.9%,就业人口达 4540 万,较上年度增长 0.8%,创 1990 年两德统一以来最高水平。人均工资水平增长 3.1%,家庭可支配收入增长 3.4%。看得出,经济的增长给社会和民众带来了可观的就业和财富,但矛盾的是,这似乎未能增进政治的稳定与社会的团结。2019 年德国经济领域特别值得关注的是,联邦政府于年初推出了《国家产业战略 2030》,旨在引入和加强国家调控经济的政策和措施,对一向信奉开放市场和自由竞争、把产业规划视为计划经济产物和威权政治特征的德国而言,出台国家产业政策无疑是经济政策的"历史性转变",虽然受到德国经济界和奉行自由市场经济人士的强烈质疑和反对,但也看得出,面对世界经济日益"国家化"(诸如特朗普政府的"美国优先")的发展趋势,德国也不得不调整自己的经济理念和政策。

---

　　①　德国《国家产业战略 2030》的详细内容,参见德国联邦经济与能源部官网:https://www.bmwi.de/Redaktion/DE/Publikationen/Industrie/nationale-industriestrategie‐2030.html。

第二,政治力量分化动荡,各党自顾不暇,执政乏力,默克尔总理艰苦支撑。

借用欧洲议会前议长、德国社会民主党前主席舒尔茨的话,2019年是"糟糕的一年"。在联邦层面上,德国基督教联盟党和社民党组成的大联盟政府跌跌撞撞,多次近乎决裂。因主席纳勒斯(Andrea Nahles)辞职,社民党领袖一职缺位长达半年,群龙无首,党内就自身发展方向和路线纷争不断,党外又与执政伙伴基督教联盟党争吵不休,民调成绩下滑到历史低点。11月底该党选出双主席,左倾势力获胜,新主席艾斯肯(Saskia Esken)是政坛新手,上台伊始就不断向联合执政的基督教联盟党提出更高的要价,考验着大联盟政府的基础。另一方面,默克尔所在的基民盟自身日子也异常艰难,默克尔党内接班人、党主席卡伦鲍尔(Annegret Kramp-Karrenbauer)的位置被不断挑战,反对默克尔一派的力量跃跃欲试,党内派系力量各有自己的主意,直到11月份莱比锡党代会上卡伦鲍尔才以背水一战的姿态强逼党内取得了暂时的团结,矛盾得以搁置。一般认为,暂时的平静是下一次暴风雨到来的前奏,反对默克尔和反对卡伦鲍尔的各种力量正在进一步组合,准备下一轮进攻。两大执政党内部纷争势必给联盟政府造成很大冲击,政府执政能力下降,使得默克尔本人的掌控能力也大幅下降,默克尔率领的政府正在脱离两大执政党孤军奋战,这在德国战后历史上是罕见的。从华为等议题上，即可看出默克尔和执政党的明显分裂。默克尔出于德国利益考虑，不主张把华为排除出德国 5G 建设，而两大执政党内部分议员则以国家安全为由提出反对，实际上是向默克尔造反，当然，也是受意识形态驱动。本年度德国政党生态演变中出现的一个政党历史上罕见的现象是，2019 年 6 月百年老党社会民主党的 9 位前主席给全体基层党员和党组织联名发出公开信，呼吁全党上下要团结一致，共渡难关，他们直言"深深地为我们的党担忧"。质疑者称，正是因为他们只为"他们的党担忧"，没有顾及民众的要求，才使党走向今天的没落，因此，他们不是呼吁者，而是要为今天糟糕的局面共同承担责任的人。

在各州层面上，勃兰登堡、萨克森、图林根州举行了选举，各州政党政治力量进一步分化，传统政党衰落的趋势还在持续。以社民党为例，曾经的"全民"党在东部部分州的支持率已经下降到个位数；基民盟的支持率也同样大幅下降。与此相反，左右两翼的力量，特别是右翼的选择党力量大幅上升，政党力量的分散不仅导致组建政府变得越来越困难，而且即使政府组建成功，其行动力也受到撮合在一起的政府中多党力量之间相互掣肘的严重影响，步履维艰。部分州组阁艰难与各党固守自己立场和利益有关，典型的事例发生在图林根州：得票排名第三位的基督教民主联盟坚持不与排名第一的左翼党和排名第二的选择党合作组阁,理由是"不与不民主的力量合作",言下之意是左翼党和选择党不是民主力量。问题在于:如果经过选举,并获得选民最多支持的党不是民主的,那么,在现行德国政治制度内又如何定义一个政党是否属于民主力量呢? 这样的问题需要回答,否则,民众自然疑惑,自然会认为各党只顾自己利益,并不在乎民众诉求,如此,政党和民众之间就很难不产生隔阂了。

第三,政治的分化体现了社会的分裂,政府很努力,民众很不满,东西德统一进程还远未结束,社会分裂加剧,呈现出暴力化倾向。

分裂在区域和阶层之间发生。东西德面临"再统一"难题,精英与社会底层关系对立,"民粹化"问题正在撕裂着整个德国社会。2019 年,德国庆祝拆除柏林墙 30 周年,但庆祝的热情被怀疑的气氛冲淡。就连默克尔总理也认为,"德国完成了政治上的统一,但德国社会的统一还远远没有完成"。30 年过去了,德国东部在地理上彻底融入西部后,精神上却与柏林渐行渐远,依然存在的事实差距,更加剧了"东部佬"是"二等公民"的感受。有统计数据显示,在东德大企业管理层以及公共机构领导层中,来自东德的人员凤毛麟角,其中无一位大学校长来自东德,社会精英的位子均由西德人,甚至是外国人把持着。东西德人均国内生产总值以及公民工资待遇也还存在较大的差距。联邦统计局数据①显示，2018 年东西德平均月工资的差距仍然高达 550 欧元。在东德，薪资水平明显低于西德。伯克勒基金会（Hans-Böckler Foundation）的研究报告显示，同性、同资质、同工种的人在东西德的收入差距达到 16.9%。知识分子和学者的收入差距也基本如此。社会学家们关注到，两德统一以来，东部优秀的年轻人，尤其是青年女子，纷纷迁移到西部成家立业，导致留守东德的男性产生了强烈的社会失落感，觉得被政府、社会和女性遗弃，潜意识里的男性尊严受到伤害，男性失败主义已经成了东部一个非常特殊的社会心理力量，催生并加剧民粹主义、排外主义、新纳粹主义等极端思潮。这一社会现象也契合了文学创作的新趋势，即女性作家越来越多。2019 年被一些媒体称为"女性叙事的伟大时刻"，即德国文坛出现了一批女作家和她们创作的优秀作品。这意味着传统上由男性作家主导的文坛正在"易位"给女作家群体，叙事主体发生了结构性变化，"男人讲故事的时代"正在成为过去，这将深刻地影响社会心态的转变。

政治分化和社会分裂在拉大政府与民众的隔阂，不管政府如何努力，做出了多少成绩，民众就是不买账、不满意。

---

① 有关两德统一 30 年东西德数据对比，详见德国国家统计局官网：https://www.destatis.de/DE/Themen/Querschnitt/30-jahre-ost-west/30-jahre-ost-west.html。

柏林社会科学研究中心(Wissenschaftszentrum Berlin für Sozialforschung)和贝塔斯曼基金会于2019年8月发布的调研报告①表明,德国政府任期尚未过半,执政协定中近七成承诺已兑现,创造了联邦政府执政史上最好的成绩。然而,民众对政府工作并不满意。德国阿伦斯巴赫民调研究所(Institut für Demoskopie Allensbach)的同期民调结果显示:仅1/10的民众相信政府能兑现承诺。官民之间的感受隔阂伴随着局部发生的社会冲突。2019年6月,卡塞尔地区基民盟地方官员被新纳粹分子杀害,让政治家的安全保护问题成为社会热门话题。10月,德国东部哈勒市发生反犹枪击案,引发了德国社会关于犹太人以及犹太教堂安全的大讨论。德国已经很多年没有这样广泛讨论反犹问题了。犹太问题永远是摆在德国人面前的一面镜子,让德国在历史面前永远无处逃遁。有分析认为,反犹问题再度显现,其背后是德国社会的进一步撕裂,而这一撕裂滋生出的暴力化倾向正在侵染德国社会。这一年里,语言学家们注意到,公共场合和社交媒体里的语言风格变得"粗暴化",对他人恶语相加的现象越来越常见。德国总统也呼吁政治家们要带头善待语言,有话好好说。令人担忧的是,暴力语言是暴力行

---

① 有关德国大联盟政府期中执政成绩研究报告情况,参见贝塔斯曼基金会官网:https://www.bertelsmann-stiftung.de/fileadmin/files/BSt/Publikationen/GrauePublikationen/ZD_Studie_Besser_als_ihr_Ruf.pdf。

为的前兆。

第四,在对外关系中,德国过去一年里四处应付,用力分散,未呈现出明显的外交格局与谋略。

对法关系方面,尽管《亚琛条约》表达了"将来要把德法政府合二为一"来处理国与国关系的美好愿景,但目前还停留在纸面上,德法关系一年里没有明显朝融合发展,反倒是在很多重大战略问题上有严重的分歧。当马克龙批评北约已经"脑死亡",默克尔则表示不认同,"我认为,即使我们存在问题,我们需要更多协调和理解,没必要这样一棒子打倒"。对待美国,德国一厢情愿地想处理好对美关系,大西洋派的亲美势力想方设法讨好美国,但是始终无法逃脱被美国控制甚至制裁的命运。"北溪2号"(Nord Stream 2)天然气管道项目对德国能源安全至关重要,但影响到美国的经济和战略利益,对德国的惩罚随即降临,美国并不给德国留面子。德国对待华为的态度,也是更多地夹杂着德美关系的复杂因素。德俄关系也相当糟糕。2019年9月欧洲议会通过的《关于战争爆发与团结对欧洲未来重要性的决议》,把苏联和纳粹德国相提并论,把第二次世界大战爆发的原因归结为苏联和德国签署的《苏德互不侵犯条约》。这令普京大怒,直接大骂包括德国人在内的欧洲人过去与纳粹串通一气,对犹太人犯下滔天罪行,如今不对历史进行深刻反思,反而将罪责转嫁到苏联人身上。中德关系虽然形势向好,但相互之间的信任关系因德国外长在香港等问题上有损中国利益的做法受到损伤。简单地说,德美关系左右着德国"承担全球责任""发挥全球作用"的雄心,德法关系则决定着德国在欧盟能够扮演怎样的角色,德俄关系直接影响着德国的安全局势,而德中关系事关德国经济和民众福祉,这需要德国外交有明确的定位和策略。

第五,思想创新乏力,意识形态泛化和固化,限制了德国人的文化视野和开拓精神。

当前的世界正处在剧烈分化组合之中,欧洲一体化空前艰难,各成员国各怀心思,各自算计,都陷于内政烦乱的纠纷中自顾不暇,可以说,德国面临的是史上少有的乱局,而应对乱局急需思想供给和战略谋划。但是,过去一年感受不到德国思想界和学术界的活跃。冷战之后,德国思想界和政界就不断提出,在对外关系上要以自身利益为重,要承担更大的全球责任。然而,这些概念依旧停留在概念上,还看不出学理和思想,看不到具体有效的战略。很显然,历史积累而来的沉重的意识形态枷锁紧紧地束缚着德国的思想和视野,价值观被自觉或不自觉地当作衡量事务的根本标准:对内,思想界认为东德是从民主德国社会主义体制下解放出来获得自由和民主新生的,这一思想奠定了"西部佬"优越感的基础,导致西边人高高在上,东边人自觉受辱,"人生履历"被无一保留地否定和践踏,两边之间的界河在加宽。近日,图林根州的州长就要求联邦政府改变对民主德国一概否定的做法,呼吁承认东德时期在教育等领域取得的成就。对外,德国没有注意到网络数字化时代,国家和社会的内涵正在发生巨大变化。传统国家靠有形的空间,如土地、军队、机构来实现治理和管理,而在新媒体高度发达的时代,国家的要素发生了变化,无形的要素胜过有形的要素。网络空间赋予每一个公民直接或间接参与政治生活和外交生活的权利。原本属于政府特权的外交早已演变成对外关系,对外关系则进一步演变成对外感受。感受决定着一切,也影响着一切。无形的感受战胜了有形的成果。这是一个需要重新定义"国家是什么""社会是什么""世界是什么"的时代。德国思想界对此还没有深入的讨论,在判断对外关系时受困于传统模式和意识形态标准,独守价值观窠臼,自缚手脚。以对待华为的态度为例,一些政界人士不是立足网络数据时代 5G 技术对国家利益的根本意义判断取舍,而是依据意识形态视角将其拒之于门外。值得注意的是,前任德国外长加布里尔(Sigmar Gabriel)曾提出,网络和大数据是国家的主权要素,以此引导德国公众关注政治、政权、政府重新定义的问题。但这样的讨论还很小众,随着其离任而逐步消失。取而代之的是热衷于搞所谓的价值联盟与浓厚意识形态的讨论,让德国回到历史的老路上。综合起来看,解决内政问题,尤其是推动东西德的社会融合,应该更多考虑民生问题,讲述民生问题,而不是总在要求东部民众要提高"民主责任","对民主保持信心"。着眼民主看问题,谈问题,只会使得思想和认知上的隔阂更加剧烈,民众关注的是民生。解决外交问题也要挣脱意识形态的束缚,看清国家利益的根本所在,而不是一叶障目,忽略了利益,还自我感觉良好。

展望 2020 年,德国将迎来 2021 年大选备战的前夕,也是本届联邦执政联盟可以继续合作的最后一年,预计德国会出现暴风雨来临前的平静。

德国 2020 年没有大范围的选举活动,默克尔总理会比较稳定地维持执政地位,直到年底前进入大选前期备战。此外,德国下半年将担任欧盟轮值主席国,一般认为,这是默克尔总理在她政治生涯的最后时期与她曾经的部下、现任欧盟委员会主席冯德莱恩联手推出欧盟政策的大好时机,预计欧盟在内外政策上,包括其对华政策与合作项目等方面会有所作为。另一方面,德国国内的政治力量分化和社会思潮分裂趋势将进一步演变,其走向会塑造德国未来政治和社会生态。面临激烈的全球科技竞争和经济压力,德国如何开放思想,拓宽视野,将决定其整体创新能力和社会活力。历史学家有独特的视角:百年前的"20 年代"是德国的"黄金十年",一切都似乎无所禁忌,气象万千,百年后的今天,历史又会怎样记录这个已经来临的"20 年代"? 借助一位德国媒体人士的话说："2019 年我们很幸运,因为预料中的大动荡没有爆发,希望新的一年动荡仍旧不要爆发。"对未来,他不乐观,不仅是针对德国,也是针对整个世界的局势。

<h3 style="text-align:center">4. 历史虚无主义的禁区①</h3>

对二战以后的德国人而言,战争是抹不去的历史记忆,挥之不去的噩梦,也因此对历史的回忆格外谨慎与苛刻,在言论自由的大旗下,实际地严守着回忆的禁区,对民族的英雄和罪人保持着清晰的界限,不越雷池,篡改历史将面临社会谴责和法律严惩。

在各国历史教科书中,德意志的形象离不开曾经的"战争罪人"标签,改变这样的罪犯形象对外可以对冲两次世界大战受害国对德国的仇恨,对内可以在民族身份崩溃的废墟上重振民族自信。少数几位反抗纳粹的英雄事迹被发掘出来,如刺杀希特勒没有成功的施陶芬贝格(Claus Von Stauffenberg)和反抗纳粹的朔尔兄妹(Hans Scholl 和 Sophie Scholl)的英雄事迹被编写成教材,拍成电影,成为广为传颂的反战反纳粹故事,这是向世人展示,不是所有德国人都是纳粹,和平和人性也根植于德国文化中。对这样的故事和

---

① 本节内容曾刊载在 2016 年 9 月 24 日《环球时报》,原题目为《维护历史严肃性的德国思路》,此处略做修订。

英雄,德国人通常是精心呵护,不容损伤。

　　发动战争使德意志蒙受了巨大损失,二战后德意志几乎遭受了灭顶之灾,战争是德意志之痛。联邦德国建国 67 年来时刻对战争言论和叙事保持着高度警惕,特别是对歪曲历史罪行的行为,如否认屠杀犹太人等要追究法律责任。德国刑法第 130 条第 3 款就规定,否认纳粹大屠杀的言行属于民众煽动罪,最高可判处 5 年监禁,并处罚金。

　　1994 年 4 月 13 日,联邦宪法法院判决说明认为,否认对犹太人的大屠杀的言论不属于言论自由范畴,因为否认屠杀犹太人这样广为认同的历史将直接激起仇恨和暴力。

　　2011 年 11 月,联邦宪法法院再次明确,刑法煽动罪的规定是对基本法有关"言论自由"条款的限制,任何否定犹太大屠杀和德国独自承担战争罪的言行都可以煽动罪论处,国家检察机构对此提起公诉,公民均有控告的权利,直至上诉到宪法法院。不过,德国检察官们的法律意识非常强,在遏制煽动言论方面都有高度自觉性。

　　2015 年 12 月,德一地方法院判处一名国家民主党负责人以纳粹标志纹身是违法行为,判其服刑 6 个月。日前,选择党一名地方党魁出售带有纳粹标志的物品,检察官已介入调查。德国法院不仅追究本国公民的煽动言论,也惩罚外国人否认纳粹罪行的言论,比较著名的案例是 2011 年判罚英国主教威廉姆森(Richard Williamson)。

　　历史就如一个硬币的两面,正反都有其构成整体的珍贵价值。德国的实践表明,对历史虚无主义不能光靠呼吁、教育和宣传,法律的严肃追惩才具有更为刚性的约束力。运用法律手段保持历史叙事的严肃性和完整性,呵护民族身份统一的记忆符号,这样的做法值得深思和借鉴。

5. 德国未来教育政策走向①

　　2017 年 9 月最后一个周末,德国举行联邦议会大选,选出新一届联邦议会,随后组建新一届联邦政府。综合选情预测,德国本次大选选票将比以往分散,现大联盟政府的基督教民主联盟(CDU)、基督教社会联盟(CSU)与社会民主党(SPD)可能面临票数流失,部分小党获利,其中不在本届议会内的选择党(AfD)和自由民主党(FDP)将是"胜者",进入议会,形成德国政坛新的立法力量;本届议会的反对党左翼党(Die Linke)和绿党(Bündnis 90/Die Grünen)得票率在低水平上保持稳定。整体看,德国联邦层面上未来不会出现一党独大局面,新政府有两种组合可能:一是现有大联盟政府继续执政,二是基督教联盟党与自民党、绿党联合执政。新兴的选择党可能成为联邦议会最大反对党。

　　目前,各党竞选进入最后冲刺阶段,竞选议题高度浓

____

　　① 本节内容曾刊载在 2017 年 9 月 22 日澎湃新闻,原题目为《选民最关注教育议题,各政党主张如何影响政策走向》,此处略做修订。

缩,据最新民调显示,教育是选民最关注的议题(64%),甚至超过反恐(59%)、养老(57%)、难民融入(34%)和接受新难民(27%),各党选战对教育倾注了很大"火力",可以预见德国下一届政府在教育政策上会有新的调整,尤其是执政党将直接影响未来德国政府的教育政策取向。如果从竞选纲领和主要领导人的言论中来展望德国未来教育政策,其走向将呈现以下几个特点:

增加教育投入

德国当前教育投入占国民生产总值的 4.3%,低于经合组织国家教育投入 5.2% 的平均水平,与德国作为全球最富裕国家之一的形象不符。各主要政党普遍认为,投入不足已影响到教育事业现状,主要是师资力量不足、教学空间不足或校舍设施陈旧失修等问题。社民党提出建设"最好的学校",基督教联盟党提出打造"最好的教育和培训",自民党甚至提出建设"全世界最好的教育",指出未来德国的教育经费支出应提升到经合组织国家的前五强。绿党认为教育的投入起码要占到国民生产总值的 7%。社民党、绿党和左翼党则将从幼儿园到大学的全程免费教育设定为他们努力实现的目标。高等教育方面要增加高校常规经费,减少项目经费,确保高校稳定发展。自民党提出,未来 4 年要从国家增值税中拿出一个百分点投入教育,每个学生平均增加经费 1000 欧元,大力改善中小学校舍,增加数字化教育设施和课程。联盟党提出,未来将为教育数字化战略投入50亿欧元。

强调教育公平

有数据表明,德国学生上大学的机会与其家庭背景密切关联,父母上过大学的孩子占大学生比例高达84%,父母没上过大学的高校毕业生不到毕业生总数的1/10,外来移民子女上大学的更少。这些家庭通常经济状况不佳,单亲家庭更是如此,难以为孩子接受良好教育提供物质和社会支撑。舆情统计显示,选民关心教育主要是在乎教育公平问题。因此,各党多把教育公平放在教育政策的显著位置,社民党和左翼党等强调从学前到大学教育免费,促进教育系统内基础教育、职业教育和高等教育等各类教育类型之间的融通。社民党提出"不让出生决定命运"。左翼党则主张建设"不让任何小孩掉队、保证社会公平"的"共同学校"(Gemeinschaftsschule),从基础教育做起,防止德国社会阶层的进一步分化和固化。各党对公平理解不同,联盟党和自民党认为,不能把免费教育等同于教育公平,收取学费有合理性,符合教育规律,自民党主张大学教育收学费,尤其是向外国学生收学费。

重视教育政策"统一化"

德国现行宪法规定,德国的教育事务由联邦各州管辖,联邦不得直接干预教育,包括经费投入。这限制了联邦和

16 个州之间在教育政策和教育行政方面的协同,使教育管理"诸侯割据",各州间教育体系五花八门,质量参差不齐,给跨州教育流动带来不便,阻碍了德国教育整体发展。各党普遍提出,要弱化甚至全面取消上述限制条款,赋予联邦更大教育权限,使教育体系保持有效的集中统一,重点是:宏观层面上,联邦和各州协调教育投入和教育政策;教育体系内,提出统一全国基础教育标准,推进全国高中毕业和高校入学会考等。联邦制的德国教育制度可能会面临重大调整,趋向更多协同和统一,中央权限显著扩大。社民党提出,要建立一个广泛的、各相关方参与的"教育大联盟"(Bildungsallianz)。

教育改革需慎重

近 10 年来,德国教育体系经过了反复不断的改革尝试,如将基础教育学制从 13 年缩短为 12 年,大学本科从 4—6 年缩短为 3—4 年等,给教学组织和教学质量带来诸多挑战,影响了学生整体素质,尤其是人文素养的发展,引起家长和社会的不满。对此,多数政党主张推行教育改革要慎重,特别是不在结构上折腾,而是着力改善师资数量和质量,改善办学条件,提升教育质量。社民党认为,缩短学制是迎合经济界"快出人才"的需求,教育不能被"经济化",要关注人的整体发展。执政的联盟党也主张,教育改革要慎重。选择党则明确主张学制回归,即恢复基础教育的分类体系、取消高教领域前些年引进的英美模式的学士学位,恢复德国传统的"证书工程师"文凭(Diplom-Ingenieuer)和人文硕士文凭(Magister)。

反对职业教育的"学术化"

各党均强调职业教育的重要性,认为职业教育才是德国经济社会发展的核心,也是人的全面发展的重要因素。自民党和选择党明确提出反对职业教育的学术化(即职业教育与高等教育同质发展),强调职业教育和高等教育的等值,自民党拟推出"职业教育精英计划",与精英大学计划一并加以推进,社民党提出构建职业教育与劳务市场结合的"职业培训战略4.0"。多个政党认为,应该加强德国传统的双元制职业教育,促进欧洲范围内的职业教育交流,自民党提出要推动"伊拉斯姆斯+计划",全面提升职业教育的吸引力。选择党认为,职业教育的学术化既不利于职业教育,也使高等教育"贬值"。

重视学前教育和基础教育

各党普遍认为学前教育不仅是智力教育,而且是品格教育,提出3岁以上的小孩有权利要求上幼儿园,国家应提供相应保障。但在学前教育的组织形式和经费来源上,各党之间的思路不同。社民党致力于提高日托机构的质量,要争取通过立法使儿童获得免费享受全日制托育的权利。基督教联盟党主张因材施教,将继续推行"学困生辅导计划"和"优等生促进计划"，优化并拓展不同学校类型之间的融通途径，但要保留"文理中学"这一传统独立的学校形式。自民党则主张扩大中小学的办学自主权，赋予学校在组织、预算、特色、人员等方面更多决策权。选择党反对普及全纳教育模式，提倡保留原来的特殊教育学校，认为全纳式教育是意识形态的产物，不利于体智有别儿童接受相应教育。

强化教育中的"主导文化"

各党普遍认为，教育是促进社会融合的手段，强调要巩固基于基督教价值的主导文化传统，不允许在学校内部搞宗教的差异化，不再提"多元文化"。针对伊斯兰教在德影响力增强，伊玛目多为国外派遣来德的情况，各主要政党普遍强调，伊玛目培养应在德国使用德语完成，以确保其宗教活动的透明度，符合德国的文化和社会规则。选择党提出，不允许中小学开设伊斯兰宗教课，穆斯林学生不应享有特权，不应使宗教问题政治化。

强化教师权威

针对学生对教师施暴事件增多的现象，选择党认为，学校不应是"反权威的堡垒"，应树立教师权威。

综合来看，不管哪个政党大选获胜，哪些政党将组成新一届联邦政府，德国联邦政府教育政策未来的议题将集中在增加经费投入、教育政策和管理趋向集中、促进教育公平、强化主导文化、提升职业教育地位、重视德国教育传统模式、大力加强中小学和大学信息化教育等几个方面。

6. 德国高等教育改革①

世纪之交,教育全球化的大潮强烈冲击着德国整个教育体系,高等教育因其与经济和社会的密切关联而首当其冲,效益至上和减少国家干预的新自由主义理念逐渐占据主导地位,由经济界和政府推动的改革自上而下、由外及内展开,在政府与高校的讨价还价中演进。

一些代表德国高教传统的标志性要素被新的模式扬弃,而另一些不被本国传统制度接受的外来体系不仅进入德国,而且"喧宾夺主",替代了原有结构。通常被国际上认为趋于保守的德国高等教育体系在过去近20年中经历了深刻变革,尤其是在过去10多年里,经历了转变的"阵痛"后,开始展现出新的格局。

概而论之,这场变革如今的势头虽已减弱,但有些改革仍在运行之中,主要发生在高校管理、教学和科研三个领域中。其中,高校管理改革的本质特征是简政放权,变政府直接管理为间接管理,赋予高校自我治理的规划、财务和人事权力,提高资源配置的效益;教学和科研体制改革则分别围绕"博洛尼亚进程"(Bologna-Prozess)与"精英大学计划"

---

① 本节内容曾刊载在 2015 年 10 月 23 日《文汇报》,原题目为《英美体系"入侵":德国高等教育标志性要素被扬弃》,此处略做修订。

（Exzellenz-Initiative，或叫"卓越大学建设计划"）进行，以应对欧洲化和全球化冲击，提升德国高等教育的国际竞争实力，适应国家与经济对人才的需求，提高办学效益。梳理当前德国高教改革的走势，可以看出其基本轮廓，有助于我们进一步探索和把握其整体面貌。

改革的前奏：政界、经济界和教育界达成整体共识

1982 年 10 月 1 日是新自由主义思潮入主德国政坛的标志性日子。这一天，刚刚当选为总理的科尔（Helmut Kohl）宣布了和自由民主党组建联合政府的执政理念："少些国家，多些市场。"这意味着，一切公共的政策和措施都要接受效益标准的检验，高等教育也在这样的趋势下逐步被拉出了象牙塔，接受社会的评判。

到 20 世纪 90 年代中期，大学受到来自各方的批评，被认定已经身患"重病"：大学管理无力、经费短缺、设备老化，教学内容陈旧，学术活动缺乏学科协同、迂腐僵化，与快速发展变化中的经济和社会实际脱节；学制冗长无序，毕业学生年龄过大，缺乏活力和创造性；学位与国际通行体系不兼容，形成国际竞争力的制度性障碍，在英美高校激烈的竞争中丧失了传统的国际学术区位优势。

曾担任过政府教育行政高官的爱尔福特大学（Universität Erfurt）校长格劳茨（Peter Glotz）在其《芯已腐烂？》（1996）一书中强烈批评了大学面临的严峻问题，认为高等教育改革已迫在眉睫。① 此书引起德国朝野广泛共鸣，时任联邦总统赫尔佐克（Roman Herzog）更是以促进改革为己任，要求全国"动起来！"，政府应该为教育松绑，"还教育以自由"，高校则要转变理念，弘扬起独立和创新精神，做"事业精英"（Leistungselite）和"责任精英"（Verantwortungselite），而不仅仅是在排名榜上争高低。

政府层面自上而下向高校施加改革压力，时任外交部长的金克尔（Klaus Kinkel）和联邦教育部长的吕特格斯（Jürgen Rüttgers）联手呼吁，拯救陷于危机的德国高校，恢复德国作为国际高等教育区位优势（Studienstandort）的传统。经济界则竭力助推改革，从外部向教育施压，几乎所有经济组织都参与到教育改革的大讨论中，纷纷发布自己的教育改革声明，并借鉴经济合作与发展组织推出的各项教育评估，鞭策"平庸的"德国教育，要求教育为德国经济增长做出切实贡献。

德国的高校在压力面前，由被动跟进，转为在跟进中因势利导，承担起改革的责任。高校要求政府加大经费投入，简化行政管理，改善办学的政策环境和条件，高校校长联席会议在时任主席埃里克森（Hans-Uwe Erichsen）领导下成了高教改革的核心智库，出台了一系列高校管理、教学和科研

---

① Peter Glotz, *Im Kern Verrottet? Fünf vor Zwölf an Deutschlands Universitäten*, Stuttgart：DVA，1996.

改革的建议和决议,受到政府和社会各界及多数高校的尊重。世纪交替之际,高校改革已形成德国全国各方的整体共识。

改革的主线:管理、教学和科研三大领域

可以从管理、教学和科研三个方面梳理世纪之交以来的德国高等教育改革。这三个方面,又可以分别以三项工程为例具体分析:设立高校管理委员会(Hochschulrat);推广博洛尼亚进程;实施精英大学计划。

改革前,德国高教管理面临的焦点问题是政府和高校作为两个核心行为者互动"失灵",导致资源配置失衡,效益不高:一方面,政府部门对高校的管理过多过细,严重束缚了高校的自主能动发展;另一方面,高校领导传统上由各院系主任和教授内部选举产生,甚至轮流坐庄,他们学术能力强、学术声望高,但常常管理能力弱,无法应对大学作为"现代大型学术企业"面临的纷繁管理难题。

为消除两方面带来的管理弊端,德国政府借鉴美国高校董事会的管理机制,于1998年修改联邦高教法,在高校设立管理委员会,把政府的国家战略、社会的管理经验和高校的管理实际结合在一起,形成新的、融合各方智慧和诉求的管理联合体,使高校的发展目标、战略和措施更符合社会经济发展的整体国家利益。

从结构上看,各高校管理委员会成员半数以上是大学

以外的政府部门代表、社会名流和企业精英，另一半或不到一半的成员来自相关学校内部，企业代表往往占主要地位。从职权上看，管理委员会负责选任大学校长、审批学校的战略规划、在政府下拨的整体预算内（通常3年为一周期，以确保高校自我规划的确定性）审批校级年度预算和教授席位的增设或撤销、新设或撤销专业等事关学校发展的重大事项。

高校管理委员会的实质是：政府和高校都要向管理联合体让渡传统上属于它们的权力，经济界和社会相关领域实质性地参与决策，这从机制上保障高等教育和经济社会相向发展，缩短行政决策的过程和环节，在各方共识的基础上提高管理效益。当然，德国各州负责制订各自的高校管理制度细节，各有侧重，相互间不尽相同，但这不影响管理委员会的设立是德国高教管理改革标志的判断，它根本上改变了德国高校的传统管理模式和结构，为教学和科研改革提供了保障。

改革前，德国传统大学教育主要在两阶段框架内进行，一是 Diplom/Magister 阶段（通常被认为与英美体系的硕士阶段相当，为便于理解下文称"硕士阶段"），一是博士阶段。其共同特点是偏重理论和学术，但问题主要集中在硕士阶段。

尽管德国大学硕士阶段的教育质量很高，尤其是培养出来的"证书工程师"在国际上享有盛誉,被誉为德国大学的招牌,但其课程结构不系统,学生一般要 6 年以上才能学完,毕业时往往已年近 30 岁,年龄远远大于其他国家的毕业生,企业界对此普遍不满,认为德国大学毕业生朝气不足,有效就业时间太短。不仅如此,硕士阶段课程结构不清,需要学生极高的自主学习组织能力,致使相当多的学生不堪承受苛刻的教学要求,中途辍学率很高(平均在 1/3 左右,有些大学或专业则高达一半),实质上在浪费公共教育资源。企业界不满,政府也同样不满,学生则因不得不半途而废沮丧。

1999 年 6 月 16 日,欧洲 30 国教育部长签署推进博洛尼亚进程的协定,以共同建立欧洲高等教育区域,提高欧洲高校的竞争力,其主要特征是借鉴英美体系建立大学学士和硕士两级教育模式,并在引进新的教育结构的同时,建立大学教育质量管理体系。对德国而言,新的结构和质量管理体系意味着对传统模式的深刻挑战,意味着它必须放弃其大学的品牌如"证书工程师",接受它曾经并不看重的英美模式;就质量管理而言,教授们以往认为自己的教学内容和质量是自己的领地,他人没有水平和资格评论,大学也没有教学质量管理体系。

博洛尼亚进程不断推进,在政府的强力主导下,到 2008年,德国大学 75% 的课程已转制到学士、硕士两级模式,目前除师范和法律等个别专业外,已基本实现全覆盖,而且各校在引进英美模式的同时系统开设出英语授课的课程,极大提高了德国高校的国际兼容度、吸引力和竞争力。

仅在 2006 年到 2009 年的 3 年间来德学习博洛尼亚模式课程的国际学生人数就上升了一倍,留学生总数则从 1995 年的 14 万多上升到 2014 年的 30 多万,增幅超过一倍。2005 年依法成立的高校教学质量评估委员会则确立了由政府、经济界和高校代表共同负责管理高校教育质量的体系,确保国家高等教育的基本标准和各校之间教育水平的可比性。

综上可见,德国大学从教育模式和质量管理上实现了与自己传统的痛苦诀别,形成了新的格局,取得了明显成效。

2005 年 7 月 18 日,忙于博洛尼亚模式转制和教学改革的德国大学又面临着新的挑战和机遇。这一天,德国联邦政府和 16 个州政府的首脑们共同签署了《精英大学协议》,旨在引进国际水平的竞争机制,支持高校开展尖端研究,持续增强德国在全球的整体学术竞争力和知名度。

精英大学计划是继博洛尼亚进程之后德国高校改革发展的又一标志性事件。根据此项计划,高校可从 2006 年到 2017 年获得 46 亿欧元的额外经费。

经过激烈竞争,第一阶段共有 9 所大学因其卓越的未来发展战略方案成为精英大学（"精英大学"非官方称号，但已被德国内外广泛接受和使用，第一阶段有慕尼黑大学、慕尼黑工业大学、卡尔斯鲁厄理工学院、亚琛工业大学、柏林自由大学、弗莱堡大学、哥廷根大学、海德堡大学和康斯坦茨大学）。此外，还有 39 个研究生院和 37 个精英科研集群得到资助，共计 85 个精英项目，惠及 37 所大学。

第二阶段（2010 年至 2017 年）共有 11 所大学成为精英大学（入围的是慕尼黑工业大学、德累斯顿工业大学、亚琛工业大学、海德堡大学、柏林自由大学、柏林洪堡大学、慕尼黑大学、图宾根大学、康斯坦茨大学、科隆大学、不来梅大学，第一阶段的精英大学哥廷根大学和弗莱堡大学被残酷淘汰出局），此外，还有 45 个研究生院和 43 个精英科研集群获得资助。

2015 年 4 月，德执政党联盟决定在 2017 年以后继续推进精英大学计划至 2028 年，联邦和各州将额外提供 40 亿欧元建设经费。由此可见，精英大学计划将持续影响德国大学的发展趋势。

精英大学计划的实施情况，尤其是在提升德国高校国际学术知名度方面的作用，目前没有权威的评估，由国际专家组成的评估委员会最早于 2016 年提交评估结果。

精英大学计划从结构和办学理念上深刻改变着德国高等教育体系。以往各校、各州之间的"和平相处"让位给了

"优胜劣汰",竞争随着计划的不断推进而越来越激烈;以往被认为是负面意义的"精英"概念被广泛接受、推崇,争当"精英"不遗余力,因为是"精英"就能获得更多资源,就能在竞争中处于有利地位;以往各州、各校间平均配置资源的"平等和公平"局面让位给"强者更强、更国际化,弱者相对趋弱、趋区域化"的分化发展格局。

应该说,高校竞争和分化发展有合理性,因为能够用于高等教育的公共资源毕竟有限,需要优化投入,支持那些能够在国际上站得住、解决人类普遍面临的学术和科技问题的精英大学群。这也意味着国家是否有实力在全球范围内聚集和配置知识资源,对国家在全球竞争中是否能立于不败之地具有根本的战略意义。数据显示,德国高校外籍学术人才从 2009年的 2.86 万人上升到 2013 年的 3.81 万人,增幅达 25%。这从一个侧面表明,新计划实施后德国高校聚集全球知识资源的实力在增长,精英计划已经产生积极效果。

对精英大学计划的主要批评是:认为政府的经费不能普惠,只能使少数高校受益,造成并强化了高校间的不公平、高教发展不平衡,使那些原本规模小但有特色的学校在改善科研条件、吸引人才方面处于不利状态;过分强调效益,竞争被简化为包装和标新立异,高校缺乏学术活动需要的平静;过分强调国际化,甚至采用美英标准和使用英语为工作语言,有脱离德国高校实际的形式主义之嫌,弱化了德国大学的人文主义传统,效益至上地追求国际标准难免过于功利主义,这不利于学术要自由探索知识的本性的发挥,不利于人才的全面发展。

新时代德国高教的烙印:开放、竞争、分化、效益、卓越

自20世纪90年代起,德国高等教育改革经历了广泛讨论、酝酿,形成了政府、高校、经济和社会各界的整体共识,为改革奠定了理念基础。

改革促成了管理制度的转变,提升了高教管理相关方的参与度,增强了高等教育与经济社会的密切互动关系,使资源投入更有效地贡献于国家和社会的公共利益。

以实施博洛尼亚模式和精英大学计划为抓手的教学和科研改革则在新的管理制度基础上如两翼先后展开,尤其是在最近10多年的时间里猛烈扇动,给传统悠久的德国高等教育带来新的气象。尽管改革还在进一步发展和调适,还没有权威性的量化评估,但"开放、竞争、分化、效益和卓越"已经为新的时代打上了深刻的烙印,引起全世界日益增强的关注,提升了德国高校的全球可见度和吸引力。

未来,德国高教在经历了剧烈改革的阵痛和快速发展后,将进入对新体系的反思阶段,广为接受的要素得以巩固,效益的原则可能受到公平和质量原则的制衡,各方的博弈还将在改革已经构建的基础上继续,新的体系将逐渐成为德国新的高教传统。

第二部分
欧洲和德国的对外关系

一、欧洲对外关系

（一）欧美关系

1. 欧美关系的不确定性①

2018 年 5 月，华盛顿成了美欧之间开展外交活动的舞台，密集演绎着跨大西洋关系的现状。法国总统马克龙访问白宫后，紧接着，德国总理默克尔也到白宫拜会特朗普。他们共同的目的是要说服特朗普在钢铝关税、贸易平衡、伊核问题和防务费用等议题上做出欧盟期待的决策，劝说美国重归西方大家庭，加固传统的跨大西洋联盟关系，让这一关系继续给欧盟输送红利。他们共同的结果是没有结果，二人好话说尽，但还是空手而归，德国媒体富有哲学意味地形容默克尔和特朗普之间开展了一场不对称、不契合的"非关系"外交活动。他们共同面对的是更加不确定的欧美关系。

欧盟的精英们一直在拿自己想象中的美国总统模式来

---

① 本节内容曾刊载在 2018 年 5 月 3 日《环球时报》，原题目为《欧洲不了解美国，也误解了自己》，此处略做修订。

对待现实中的特朗普总统,硬逼着他和他领导的美国继续担当西方集团的领袖角色,对特朗普的"美国优先"一直充耳不闻,这就难免一再"受伤"。情况似乎很明了:特朗普政府要求欧洲减逆差,提军费,给实利,简明扼要;欧洲则固执地往自己的想象中绕,既抱着"西方价值"一厢情愿,又对美欧现实利益之间的逆差视而不见。或许,应该改变的是欧盟自己。

首先,欧盟应明白,"西方"在历史上作为老欧洲的符号,曾经是美国人民逃离和反抗的地方;作为有意识的"文化共同体",也只是第一次世界大战之后欧美少数精英在反思残酷战争过程中萌发的概念;作为"价值共同体",更是冷战中美欧对抗苏东的意识形态战争产物。历史显示出,直到二战前还曾远离"西方"的美国,是逐步被拉进"西方"大家庭,并在冷战中成为西方领袖的,而在那时与"西方"相对的"东方"则是指苏联和东欧国家。不难看出,欧盟近年来格外强调的"西方"理念,与那一地区近现代史上的动乱相伴而生,承载着沉重的历史负担和灾难。无视历史的整体性,只是把"民主""自由"等个别概念贴在"西方价值共同体"上,自我宣称这是完美无缺的体系,除此之外再无体系,否则就是"后西方",就要防范、抵制、诋毁,这是对历史的曲解。特朗普似乎对此没有热情。不过,已有西方学者指出,鼓吹"西方价值共同体"实际上是要把世界推进新冷战格局,这倒是需要高度警惕的,"战争首先在头脑中爆发"。

其次,欧盟应认识到,特朗普处理对欧关系的战略就是"交易",不要表述什么宏大的意义,这无关"自由""民主",对交易而言,价值的根本问题是价格,就是德国要把军费提高到 GDP 的 2%以上,要削减 1510 亿美元的对美贸易顺差;"公平"就是对美国有利,不要给美国加上沉重的"领导责任",要美国对欧盟开恩照顾,那不符合交易规矩。在特朗普时代,往日西方体系中美国是领导者、欧盟是被领导者的关系已经不复存在,欧洲不能再利用被领导者的优势,既在美国庇护下随意做自己的生意,享受安逸,又可时不时地向领导撒娇赚便宜。在美国看来,当前欧洲,尤其是德国更不能在美俄之间脚踏两只船。对"老欧洲",美国早已没那么信任,小布什(George Walker Bush)执政时就已表露的不信任和不满情绪,特朗普现今以直截了当的方式付诸了行动。

最后,欧盟还应反思,真正的问题是自身制度在不断僵化。以民主为例:对内,"民主"从公民分享权力、多数人统治的理想,变成了以政党为代表的利益集团坦然分享利益的许可证。党派变换林立,社会日趋分裂,民众的不满被贴上"民粹主义"的标签,受到建制力量的压抑;对外,"民主"已变成国际干涉主义的道义工具,近几年的实践证明,按照西方民主价值对西亚北非的"民主改造"已造成持续的战乱和人道危机,也冲击了欧洲本身的安全;对美,在美国制裁压力面前,欧盟一些政客不是从长计议提升自身竞争力,减少对美依赖,而是企图祸水东引,费尽心思地渲染"民主危机论",拉美国共同"捍卫民主",把"民主"变成了向美国求情游说的工具。道德原则被里里外外地当作工具时,社会就丧失了理想活力,功利主义和机会主义泛滥,这是欧洲面临的巨大挑战。

欧美关系的两端,特朗普领导的美国正在发生着巨大变化,欧盟却依旧把自己关在构思出的"西方"里,希望昨日依旧,期待美国按照欧洲需要的模式作为,这样的关系势必失衡。欧洲曾为人类文明做出过卓越贡献,但也是当今不少国际争端和危机的参与者、制造者。欧洲大地曾是冷战时期意识形态对垒的战场,虽然冷战结束已近30年,但冷战的思维还在那里存在,近年来甚至有强劲复活的迹象,对世界而言这不是好的趋势。

2. 美伊关系中的欧盟①

美国和伊朗交恶,各不相让,虽然双方都表示不愿卷入战争,但美国不断调兵遣将,宣称不惜一战,伊朗则严阵以待,发誓不怕一战,中东地区随时都可能升起擦枪走火的战争硝烟,甚至会演变成为大规模的区域战争,这对邻近的欧

---

　　①　本节内容曾刊载在2019年5月22日《环球时报》,题目为《欧盟成了美伊夹板中的"人质"》,此处略做修订。

洲而言是可以预测到的噩梦，也正因如此，夹在美伊中间的欧洲空前焦虑地关注着美伊争端，尽管为缓解危机投入了大量外交资源，但至今收效甚微，战争的机器还在加速运转。这尽显出欧盟外交行为严重缺乏独立能力。整个事件的核心是 2015 年达成的伊核协议，它曾是欧盟外交成就的象征，寄托着欧盟安全和经济利益的定义。

　　伊核协议被认为是欧盟推动在国际法范围内以谈判解决国际争端，促进世界和平与合作的重要贡献，堪称欧盟"发挥全球领导作用"的杰作，欧盟外交与安全事务专员莫盖里尼（Federica Mogherini）就赞扬伊核协议是"在国际关系中通过外交方式解决争端的新篇章，是世界和平的希望"。作为安理会非常任理事国，参与伊核问题解决机制的德国对成果尤为看重，因为协议彰显出其"承担全球责任"的能力。的确，德国和欧盟为和平解决伊核问题做出了努力和贡献，维护了基于国际法的多边主义秩序，应该受到赞扬。但随着美国特朗普政府撕毁伊核协议，这个曾象征欧洲外交成就的标志轰然倒下，欧洲应该更加深切地意识到，"把命运掌握在自己手中"至少目前还得看美国意愿如何，言比行难。

　　目前还看不出欧盟解决这场危机的坚定意志、明确方向和有效的统一行动。2019 年 5 月 9 日，欧盟领导人在罗马尼亚锡比乌举行的峰会笼罩在美伊争端的"战争风险"阴影中。尽管会议声明强调欧盟要发挥全球领导作用,"大事上要有大作为"和"用一个声音发声",但对眼前美伊冲突这件大事,欧盟领导们表现出的却是束手无策,除了一般呼吁之外,在峰会上没能提出具体对策,甚至会议声明对此也是只字未提。5 月 13 日的外长会议除了要求美国"最大程度克制",伊朗要遵守协议以外,也未公布解决问题的具体措施。

满怀焦虑的伊朗问题专家、德国联邦议会议员诺力坡(Omid Nouripour)警告道:形势严峻,容不得只是"远观呼吁"。他甚至要求德国外长立即造访德黑兰,商议对策。反对这一动议者却认为,欧盟根本没有手段应对美国对伊朗的制裁,此时德国外长出访必无功而返,贻笑各方,而且,德国在伊核问题上过于积极也未免显得"怀有私利"。观察家们注意到,法国外长强调欧盟应共同商量对策,保住伊核协议,"欧盟的团结很重要"。他这么说意味深长。

伊核协议对德国和欧盟意味着实实在在的经济利益。协议签署,多年针对伊朗的制裁被解除,这意味着众多的商机。伊朗曾是欧洲最主要的经济和贸易伙伴之一,由美国主导的制裁却大大压缩了这一关系,给伊朗带来困难的同时,也让欧洲蒙受损失。以德国为例,20 世纪 70 年代的伊朗是德国在欧洲以外的第二大出口贸易伙伴,紧随美国之后,德伊经贸关系十分密切,伊朗主权基金持有很多德国大企业可观的股份。制裁却使德伊贸易急剧下降，双方年贸易总量从 2005 年的 44 亿欧元减少到 2015 年的 24 亿欧元，伊朗在德国贸易伙伴国中的位置也大幅下降到了第 50 位，伊朗还被迫大量撤出在德国企业中的投资。

也正因此，德国和欧洲积极参与和推动早日解决伊核问题，期盼着尽快恢复正常的对伊经贸关系。伊核协议的签署和随之而来对伊朗制裁的取消，给欧洲带来了"淘金热"，政府和企业纷纷奔向伊朗。德国更是迫不及待，时任副总理兼经济部长加布里尔还在正式取消制裁之前就率领庞大的经贸代表团访问伊朗，抢先布局，占得商机。德国工商大会预测对伊贸易解冻后中期内将给德国带来 50 亿欧元的贸易机会，长期将高达 100 亿欧元。德国媒体估计，伊朗未来将是德国全球范围内对外贸易中的最大增长点。有统计显示，取消制裁后伊朗和欧盟的贸易额短期内迅速增长两倍。

伊核协议还维系着欧盟的安全利益。如果协议彻底失败，伊朗如其所言可能重新启动核武计划，那将激发沙特等国拥核的冲动，引发中东地区核失控与核危机，原本就不太平的中东地区可能被拖入持久的大规模战乱。欧洲一位前国防部门高官预估，8000 万人的伊朗卷入战争将远比 2003 年的伊拉克战争惨烈，这意味着从阿富汗到非洲北部的广大地区将陷入混乱，会造成近 2000 万人沦为难民的人道主义危机,其中,伊朗可能把目前逗留在其境内的300万阿富汗难民放行到欧洲,曾受到难民危机剧烈冲击的欧洲将无力应对新难民潮的到来。

这位高官认为,在美国和伊朗的夹板中间,欧洲实际上扮演着"人质"的角色:美国利用经济手段把制裁的板子也打在了欧盟身上,逼其跟随美国构成对付伊朗的"大西洋统一战线";伊朗则利用安全的手段逼欧盟携手对付美国的制裁,以放弃核武计划,换得经济发展,不然就重启核武计划,欧盟后果自负。

欧盟应该清楚,虽然美国退出了伊核协议,但伊朗依然履行着协议的义务,在等待欧洲不要屈服于美国压力,采取切实的行动保障协议实施。让伊朗失望的是欧洲说得多做得少,缓慢设立的贸易结算系统和推动欧企与伊朗做生意的保护制度在强大的美国压力面前几乎无效。欧盟除了呼吁伊朗继续遵守伊核协议外,就是不断地请求美国,结果是,美国先是放弃伊核协议,进而一再强化对伊制裁,直至开启战争机器,把炮舰开到了伊朗家门口。可以说欧盟是一求再求,美国却一逼再逼。

《德意志电台》称,中东地区在一步步地走近战争,美国是推手,"特朗普承担着主要责任"。欧盟还应该清楚,靠请求在美国那里是得不到便宜的,在特朗普总统领导下的美国这里就更不要指望,甚至都弄不清谁是"美国":同一个伊核协议,昨日的奥巴马美国鼓励欧盟参与,今日之特朗普美国却逼其出局,不是"美国优先",而是掌握白宫的那个人优先,被欧盟和世界各国尊奉的国际法在美国这里实际上是因人而异的脚本,剧情怎么进展,就看是谁在演。欧盟在外交上要在美国面前掌握自己的命运,还有很长的路要走。

3. 美国新霸权对欧洲利益的影响①

近年来的舆论显示,欧洲正越来越焦虑地注视着美国挑起的中美贸易摩擦。欧洲原本以为可以置身其外,有些人甚至幻想从美国打压中国的过程中得到些好处,但随着贸易摩擦不断升级,并向科技领域扩散,对华为的"封杀"甚至已经伤及很多欧洲公民的个人利益。许多分析人士包括政府代表逐渐意识到,贸易战是美国企图打造的"唯我独尊"的世界秩序的一部分。中欧经贸高度融合,美国若能"征服"中国经济,也就能掌握欧洲经济的命运。在欧洲战略研究界,华为事件正成为透视美国新霸权的经典案例。

首先,美国一再宣扬华为受中国政府控制,从事间谍活动,威胁了美国及盟友国家安全。事实却是,尽管欧洲一再要求,美国至今仍不能提供任何支撑其指控的证据。美国政府通过立法源源不断地从美国的网络公司和通信设备制

---

① 本节内容曾刊载在 2019 年 5 月 31 日《环球时报》,原题目为《欧洲正放弃对美幻想,变得清醒》,此处略做修订。

造商那里获取大量涉及世界各国政府、企业和个人的数据，在任何可能的地方都留有"后门"，甚至大肆监听盟国领导人的电话。欧洲的监管机构和媒体反复确认，华为没有美国产品那样的"后门"，美国的无端指责导致各国对华为不断进行最严格的审核，可以说华为已经是国际上至今为止受到检验最多、最严苛的公司之一。

其次，美国曾经被欧洲认为是世界自由经济的榜样，是市场经济的典范。然而，美国政府对华为的一道"封杀令"就迫使谷歌这样的企业巨头迅速断绝与华为的供货关系，虽然自己也为此蒙受巨大的商业损失，但不得不屈从美国政府的威逼。在数字互联的时代，市场经济越来越不再是人们想象的市场主导，而是被少数几个数字网络企业寡头分割，欧洲各国的网络世界早已属于谷歌、亚马逊、脸书和推特们，虽然不断出现这样那样的纠纷，但欧洲人还是接受了美国企业分割欧洲数字网络市场的现实，只要它们依法经营就行。华为事件却让欧洲看到了故事的另外一面：在美国国家利益面前，所有美国企业都只是美国政府的工具，而所谓的美国利益是可以由总统个人定义的。一个可以由总统个人定义国家利益的国家和一个随时可以由政府以法律名义令行禁止的经济体系，它还是欧洲理想中自由经济的典范吗？

最后，欧洲人曾经为自己是"非武力文明力量"而自豪，致力于推进国际关系的"法制化"。然而,欧洲人看到眼前的事实却是,经由国际法程序确定、涉及欧洲切身利益的伊核协议被美国撕毁,正成为名存实亡的"废纸";欧洲人还看到,华为遵守欧洲法律,切实"开源"透明地为欧洲提供 5G 服务,推进欧洲数字进步,但美国政府却将华为"非法化",不仅四面封杀,还要逼迫欧洲各国屈从美国、围殴华为,谁不顺从,美国就"很难保障其安全"。美国正试图重新强行破坏欧洲和各国努力推动的国际关系法制化和规范化进程,顺我者昌,逆我者亡。今天是华为,明天是谁? 法国的阿尔斯通(Alstom)因所谓违反美国国家利益倒下了,那德国的大众和宝马呢?

美国政府核心团队的世界观很简单:世界根本上是一元的,就是美国独尊,世界如果有二元,那么另一元就是美国以外要臣服美国或应该被美国征服的世界,最终目的就是美国独大独尊,美国以外的世界是手段,不是目的,对欧洲也不例外。

4. 欧洲对俄政策的调整①

2020 年新年伊始,德国总理默克尔访问莫斯科,与普京总统举行了近 4 个小时的会谈。从德俄官方透露出的信息

———————

① 本节内容曾刊载在 2020 年 1 月 15 日《环球时报》,原题目为《美国冷漠或令欧俄关系转暖》,此处略做修订。

看,一反过去 5 年来德俄领导人相见时态度冷淡的景象,这次会谈气氛亲切友好,两国领导人强调共同立场,成果很丰富。欧洲媒体认为,莫斯科支持德国出面举办关于利比亚问题的国际会议,是一个重要标志。而对于近期欧洲内部热议的"美国与俄罗斯,谁才是欧洲最大麻烦"的问题,默克尔也用外交手腕给出了答案。

这次德俄首脑会晤谈的都是很紧迫的议题,事关利比亚危机、美伊冲突、叙利亚问题、乌克兰东部局势和"北溪 2 号"天然气管道项目等。默克尔此次访问莫斯科可以被看作是德俄、欧俄关系自 2014 年进入寒冬以来加速转暖之旅,这有其外交和内政多方面的背景。

其一,美国已经是欧盟的"最大麻烦",欧盟一再被霸凌和漠视,只好向俄罗斯靠拢。

从经济上看,欧盟自 2014 年跟随美国制裁俄罗斯起,也给自己造成了巨大损失。据德国基尔世界经济研究所(Kiel Institute for World Economics)的统计,制裁使俄罗斯每月损失 34 亿美元的外贸额,德国则每月损失 7.7 亿美元。德国在所有欧盟国家中受损最大,而美国仅仅每月损失 7000 万美元。与此同时,欧洲人还越来越担心,俄罗斯对外经济合作由此而转向中国,欧洲失去的市场再难复得。为一己之私,美国全然不顾盟友之谊对"北溪 2 号"施加制裁,这令德国更加愤怒。

在外交和安全方面,美国一意孤行,把中东地区推向大规模战争的边缘,更像是在欧洲头顶上悬挂了一把达摩克利斯之剑,严重威胁着欧洲的地缘安全。与频频在中东出招相反,美国对全面内战一触即发的利比亚局势却袖手旁观,任凭险恶的局势发展。利比亚是欧洲难民的主要来源地之一,一旦大规模战争爆发,大批难民势必涌向欧洲。

欧洲过去两年来苦苦期盼美国回心转意,重归往昔大西洋价值联盟关系,顾及欧洲盟友们的利益诉求。不少人至今还在期盼中,甚至固执地声称,在中美俄大三角关系中,欧洲应坚持站在美国一边。默克尔作为一名有清醒政治头脑的欧洲大国领导人,意识到欧洲人依赖他人的时日不能再继续,必须依靠自己。而且,欧洲必须根据自己的利益做出选择,不能再一厢情愿地固守对价值观的执着。此次,她在西亚北非危局日益加深之际赴莫斯科磋商,而不是像往常那样前往华盛顿,这本身就是外交策略的选择,这对美国而言应该不是心理上乐意看到的。

其二,外交牌远比内政牌顺手,默克尔可以有所作为,发挥德国影响,从而减缓内政压力。

应该说,默克尔此行令德国和俄罗斯双方的收获都不小。一方面,俄罗斯在西方重重制裁下迎来了欧洲大国领导人的到访;另一方面,俄罗斯支持柏林以联合国之名举办利比亚问题国际会议,这有利于默克尔巩固其在欧洲和国内的影响力。

从更深层次看,能够举办利比亚问题国际会议彰显出德国以行动"承担全球责任"的能力和影响。而俄罗斯支持的利比亚军事力量将成为解决问题的参与方,这意味着俄罗斯借助德国的外交努力使自己在利比亚的军事存在,作为政治进程的一部分固化下来,符合俄罗斯的利益。

与国内各政治力量纷争分化不断、执政地位遭受不断挑战相反,默克尔作为欧盟各国中执政经验最丰富、最能代表欧盟形象的国家领导人,在近一段时期的国际事务中更能体现出老练的运筹和斡旋能力。人们注意到,2020 年 1 月欧盟成员国外长就利比亚、中东局势紧急磋商,推举德国整体代表欧盟开展外交斡旋,此举开欧盟历史上由一国代表欧盟整体开展外交活动之先河,也显示出德国在欧盟的号召力。

近期,在德国国内,质疑和反对对俄制裁的声音不断高涨,甚至联邦议会不同党派之间已形成共识:制裁了俄罗斯 5 年,并没有改变俄罗斯的行为,柏林和布鲁塞尔必须重新评估对俄政策。德国俄罗斯商会则要求,不能再跟随和屈从美国的制裁,欧盟"必须采取明确的政治立场"。可以看到,默克尔此次主动造访莫斯科,也是对国内压力的回应。

综合来看,内政外交因素促使欧盟改变其对俄政策。欧盟多数成员国经过这两年不得不认识到,美国已成为欧盟最难应对的"不确定""不稳定"因素。布鲁塞尔一位智库专家就对笔者表示,特朗普新近要求北约南扩中东,意在制衡俄欧,以安全绑架和分化欧盟,使北约进一步成为美国在欧洲和中东战略的工具,欧盟须保持高度警惕。

可以预见的是,德俄领导人此次莫斯科峰会或许意味着欧盟的对俄政策发生了明显转变,欧盟可能放松对俄制裁,为俄欧"重归于好"做铺垫。在美国高压之下,德国和欧盟靠近俄罗斯,可以提升自己与美国周旋的砝码。当然,这也是华盛顿极其不愿看到的。

5. 不断上升的欧美贸易摩擦①

贸易摩擦一直不断在欧洲和美国间发生,尤其是过去30年中巨额对欧贸易逆差使美国历任总统头疼不已,特朗普总统竞选中更是发誓采取措施,对此,欧洲和世界已有所准备。不过,当特朗普总统真的宣布拟对欧洲出口美国的钢铁和铝制品课征高额关税时,欧洲还是表现出了震惊。

欧盟迅速做出迎战的姿态,一方面抗议美国损人不利己,即便制裁也不能打击自己的盟友;另一方面则透过媒体表示已拟就一份报复清单,对价值28亿欧元出口欧盟的美国商品征收高达25%的关税,而且主要针对那些来自威斯

---

① 本节内容曾刊载在2018年3月8日《环球时报》,原题目为《全面贸易战当前,欧盟很纠结》,此处略做修订。

康星州和肯塔基州的产品，这里是美国众议院议长瑞安（Paul Ryan）和参议院共和党领袖麦康奈尔（Mitch McConnell）的故乡。显然，欧盟在以此对美国政界施加压力，迫使美国政界的"利益相关者"劝阻特朗普总统改变主意。欧盟期待着"精准报复"能够奏效，再现小布什总统时期欧美贸易争端一度硝烟弥漫、最终言归于好的局面。

时间很巧合，2002 年的 3 月 5 日，时任美国总统的小布什宣布对出口美国的欧洲钢铁产品加征 8%—30%的关税，欧盟随即对主要来自佛罗里达州、俄勒冈州等共和党人选区的产品征收关税，特别把矛头指向小布什总统弟弟主政的佛罗里达州，结果的确很灵，小布什政府制裁大旗高高举起，轻轻放下，欧美之间剑拔弩张的贸易战偃旗息鼓。

不过，此一时彼一时，在当下这场较量中，欧盟的决策者和智囊正面临艰难的选择。

欧盟的担忧是，"美国优先"战略正在瓦解现存国际贸易秩序。与以往政府不同，美国现政府不是追究其他国家是否违反了贸易规则，而是以自身国家安全为由对其他国家的涉美贸易进行限制，这实际抛弃了各国公认的全球贸易制度。若各贸易大国被迫跟进效仿，世界将面临一场空前的贸易混战，欧盟将深受其害。这是以全球制度规则主要缔造者和捍卫者居功的欧洲所不愿看到的。

欧盟的短板是，尽管美国历届政府都不满，但欧盟每每依据国际规则等不同的说法避免使对美贸易摩擦上升为贸易战。现在的难题是，特朗普总统根本不和欧洲理论"说法"，他在意的是"打法"，是要看到他想要的结果。对此，有德国学者就建议欧盟"闭嘴"，有那么巨大的贸易顺差，和美国打贸易战等于自毁。

　　欧盟的纠结是，不反击美国的关税制裁，经济上将面临巨大损失，欧盟最大产钢户德国首当其冲，钢铁和铝业事关近 400 万个就业岗位；政治上承受风险，尤其是在民粹主义蔓延、选票分化的政治生态中，欧洲政治家们谁也不敢得罪在选民中有强大影响的金属行业工会；"价值观"上将面临屈服国际关系中丛林法则的尴尬局面，特朗普总统信奉的是"美国优先"，此外无法，欧盟的各种"道理""说法"失去意义。但若真的反制，欧盟有可能遭受更大打击，面临承受不起的经济全面崩溃。更大的危险还在于，欧盟正处于高度脆弱的时刻，来自美国的压力将催生欧盟的"内战"，这可能是压垮欧盟的最后一根稻草：对美国的关税制裁，各成员国面临的压力不同，感受不同，对美顺差最大的德国早已因其对盟内各国的贸易顺差受到欧盟总部、法国、意大利和希腊等方面的批评。有专家认为，是德国把欧盟拖入了与美国的贸易摩擦之中，德国应承担责任。就连德国国内也有学者认为，德国对外贸易顺差并不完全受益于产品质量，还因为德国多年刻意推行"工资克制"政策，压低劳动成本，加之欧元对美元贬值等多重"不公平竞争"因素。

欧盟很纠结,特朗普总统很镇定。目前看,再现 16 年前欧美贸易战转危为安的希望,正变得愈发渺茫,出现 1930 年全面贸易战的危险在日益逼近,考验政治家们智慧的时刻到了,毕竟一场人为的贸易战不仅给欧美,也会给全球带来难以估量的灾难。

(二) 欧洲的世界观

1. 欧盟世界观的"利益化"①

最早出版于 1774 年的《阿德隆德国高地德语语法字典》里,欧洲人这样定义自己,"欧洲是世界上开明和文明程度最高地区的名称",这反映出欧洲人对自己生活方式的自信。② 然而近来,一些来中国访问的欧洲朋友对我说,在中国感到很安全,不像在欧洲,那里现在比较乱,在大城市里晚上也不敢随意走,害怕有抢劫。欧洲不那么自信了,我们大家也感到欧洲这些年"乱"了。乱在哪里,为何乱,乱向何

---

① 本节内容根据作者在第二届"读懂世界"上海论坛(2017)上的主旨发言整理而成,曾刊载在 2017 年 4 月 4 日《文汇报》,原题目为《有理想的欧洲何以变得斤斤计较》,此处略做修订。

② „Europa ... der Nahme des kleinsten aber aufgeklärtesten und gesittetsten Welt-theiles ... ", 参见 Johann Christoph Adelung, *Versuch eines vollständigen Grammatisch-kritischen Wörterbuches der Hochdeutschen Mundart mit beständiger Vergleichung der übrigen Mundarten*, besonders aber der oberdeutschen, Leipzig, 1774。

方？这种乱象还在持续演化，现在的局势还不是很清晰，我尝试从几个方面分享一下自己的观察。

第一，欧盟之"乱"的体现。

内部经济下行，外部关系紧张，大选强化分裂

从内部来说，基于购买力平价的欧盟 GDP 整体发展往下走，全球占比逐年下降，1/4 的欧盟居民面临贫困或被社会边缘化，难民、移民等新问题引发社会、安全和宗教诸多连锁反应，同时加剧了此前讨论较多的身份认同问题。

就对外关系来说，最重要的是欧美关系，现在欧洲尚不清楚怎样和现在的美国政府打交道。欧盟在北约的定位问题悬而未决，德美之间在军费开支、难民政策、英国"脱欧"等问题上仍存在较大意见分歧，人们普遍评价默克尔访美期间和特朗普的沟通不是非常成功，甚至没有发出欧洲的声音；乌克兰危机之后，欧盟对俄实施了一系列经济制裁，欧俄有剑拔弩张之势，前不久北约在冷战之后少有地向东欧地区增加军事力量部署，有学者甚至说欧俄"是在战争边缘"；和中东尤其是和土耳其的关系，本来是土耳其向欧洲学习、准备加入欧盟，现在却已经演变成相互谩骂、威胁了。欧英关系方面，英国已经正式提交"脱欧"申请，接下来两年就是你争我吵的状态。大家感觉 2017 年是决定性的一年，有荷兰、法国、德国等国大选，但是荷兰极右翼并未胜选，德国局势也始终在变化之中，很难预测哪股力量最终当选。

无论大选结果如何,欧洲乱象看来还会持续下去。

欧洲人自己的看法:"三后五点"

"三后"即"后真理,后西方,后秩序"(Post-Truth, Post-West, Post-Order),这是 2017 年 3 月慕尼黑国际安全会议上智库文件中的主题词。[①] 其实际的意思是说,在世界文明当中或者国际政治舞台上西方的领导地位要失去了,引领的价值体系出现危机了,西方主导秩序的时代过去了,世界要进入"后秩序""后西方"时代了。智库的观点大致反映出欧洲精英对"乱"的深层焦虑,他们希望"治乱"。

更官方的认知是欧盟委员会主席容克(Jean-Claude Juncker)对欧盟前景提出的五点可以选择的方向,即延续现有模式、仅做欧盟单一市场、多速欧盟、分歧换效率以及加速一体化。对于第三点的多速或两速欧盟,德国、法国、荷兰和比利时等国都比较支持,而波兰等东欧国家不认账,不愿做二等公民。

可以看得出,官方的"三后五点"主要是传统精英的感受,要旨还是"治乱"。民间老百姓也感到欧洲很乱,据全球最大统计网站 Statista 统计,欧盟有 48% 的人认为欧盟存在一系列重大问题,39%的人认为欧盟存在严重危机,只有 5%

---

① 参见 https://securityconference.org/assets/02_Dokumente/01_Publikationen/MunichSecurityReport2017.pdf。

的人认为欧盟发展处于正常状态。① 可见,老百姓即便能从欧盟补贴计划得到实惠,也对欧盟现状很不满。这离欧盟缔造者希望建设一个"公民欧洲"的理想远了。

第二,欧盟之"乱"的影响。

物质生产下降,财富分配失衡

在物质生产方面,欧盟过去10年在全球的经济份额比重下降的速度很快,从2006年的21.29%降到了2016年的16.7%;25%的欧洲人面临贫困或被社会边缘化②,这是欧盟官方的统计,近10%的欧盟居民遭受物质匮乏,比如到了冬天没有暖气,在欧洲总体生活水准较高的情况下,没有暖气会滋生民间不满情绪,潜伏着更大的社会危机。还有数据说明,欧洲的中产阶层在萎缩,社会财富聚集到少数人手里。

精神产品衰竭:宗教、制度、人口结构

从精神生产上,第一个观察点是西方制度的生命力在减弱。宗教提供了价值的支撑,给人的内心或者精神提供了支柱方向,但是现在这个功能减弱的速度非常快。以德国为例,目前德国有2800多个清真寺,周末祷告时人满为患,与之相反,基督教、天主教等传统宗教教堂门可罗雀。不仅信徒数量上传统宗教式微,质量上也如此。比利时的

① 参见 https://de.statista.com/statistik/daten/studie/514829/umfrage/umfrage-zum-aktuellen-zustand-der-europaeischen-union/。

② 参见 https://de.statista.com/infografik/2929/armutsrisiko-in-der-eu/。

一位学者提到,现在基督教不光是人数多和少的问题,在信仰的虔诚度上也远远低于传统时期。移民和难民的进入深刻地改变着欧洲的人口和宗教结构。

第二个观察点是西方制度的影响力。欧洲有殖民的历史传统,殖民者不仅做生意,还输出西方制度。冷战之后的情况更为典型,欧洲在内的西方在很多国家有意识地输出制度,搞了一系列颜色革命,结果直接导致中东等地区爆发人道主义危机。数百万难民逃向欧洲,可是欧洲无法接纳和管控。数万难民丧生,形成二次人道主义灾难。可以说制度输出对欧洲产生了非常深度的反作用,不同的宗教进入欧洲,传统的欧洲基督教受到伊斯兰教的冲击,使得欧洲逐渐变得不再是传统的欧洲。

第三个观察点是"去欧洲化"。从人口角度来观察,皮尤研究中心(Pew Research Center)统计,全球范围内基督教和穆斯林人口到了 2070 年就会等量,再往后就是穆斯林人口数大于基督教人口数,这对欧洲的影响不言而喻。统计预测显示,英国在 2010 年基督教人口占 64.3%,是绝对多数,但到 2050 年将下降到 45.4%,传统基督教的人口将成为少数。欧洲不少国家有相同趋势,尽管程度不尽相同。[①]

---

① 皮尤研究中心关于基督教和穆斯林等不同宗教信仰的人口预测情况(The Future of World Religions: Population Growth Projections, 2010-2050),详见皮尤研究中心官网:https://www.pewforum.org/2015/04/02/religious-projections-2010-2050/。

欧盟演变：从共同遏制战争滑向利益交换

欧盟创立时充满理想，要通过联合解决和平与战争这一人类历史上的困局，这是人类历史上的创举，可到了现在却越来越利益化，这是不是意味着又回归到民族国家的宿命？康德（Kant）在《永久和平论》①里说，国家和国家之间是没有道德的，一有什么矛盾就开始打仗，所以期待着国与国之间结成联盟，在联盟的框架下大家可以文明解决纠纷。黑格尔（Hegel）评价说，康德的这种观点是"以各国一致同意为条件，而这种同意是以道德、宗教、其他理由和考虑为依据的，因此始终是一项有主权的特殊意志，从而仍然具有偶然性"②，所以可以看到，关于和与不和的争论，在欧洲历史上就已经出现过了。欧洲历史上战乱多发，历代精英在寻找持久建立和平的方案。

法国前总统密特朗（François Mitterrand）1995年在一次演讲中说，欧洲必须走向统一，民族主义就是战争。当然，他也为法国考虑，德国统一时，他还指出，马克是德国的"核武器"。欧元体制就是把德国的"核武器"融入欧盟，消除德国独大对法国的威胁。欧洲一体化重要推动者

---

① Immanuel Kant, *Zum ewigen Frieden；Ein philosophischer Entwurf*, in *Werke in zwölf Bänden*, Band 11, Frankfurt am Main, 1977.

② Georg Wilhelm Friedrich Hegel, *Grundlinien der Philosophie des Rechts*, in Werke, ed. Molderhauer, E. and Michel, K. M. (Frankfurt am Main：Suhrkamp, 1968), Bd. 7.

之一、德国前总理科尔在 1996 年也表达了相同的主张，他说欧洲的统一事关生死，事关和平与战争。欧盟只有用一个声音才能维护共同的利益，在经济上我们才能对抗北美和亚洲的竞争。当然，他也为德国长远利益考虑，因为借重欧盟，德国才可以在国际上施展更大影响。

可以看得出，以法德为代表的欧盟前代政治家把欧盟看作欧洲人的共同家园，战争与和平问题是他们首要考虑的议题。这样的理想与谋略，在当前的欧洲不见了。

现在的欧盟"利益化"很严重，英国"脱欧"是这一过程的顶峰，未来"脱欧"程序实质上是谈判桌上的利益之战。盟内许多国家只顾自己的利益，1992 年西班牙就曾带领希腊、葡萄牙和爱尔兰搞"四国帮"，"不给我增加补贴，我就不签马约"；现在的"维谢格拉德集团"（Visegrad Group，V4）也是"四国帮"，有利于自己国家事务的就积极参与，需要自己国家让渡权益和做出贡献的就坚决反对。在利益面前，和平与战争已经无人问津。失去了理想，联盟的凝聚力很难维持，也自然难以抵御外来的冲击。难怪德国前总理科尔无奈伤感地说："我的欧洲完了。"可见，欧洲已经从和平与战争的问题转向了讨价还价的利益问题。

第三，欧盟的变化对中国的意义。

历史很有意思地展现着类似的故事。17 世纪前后开始,欧洲先是崇尚中国的器物,进而崇拜中国的制度,莱布尼茨、伏尔泰等甚至提出让中国来管理欧洲的想法,要把汉语变成世界统一的语言,他们对中国的"德政"倍加推崇,不仅因为中国的货物、产品、艺术品,如瓷器、扇子,还因为中国的教育。进入 19 世纪后,欧洲开始否定中国了,1896 年德国驻华公使夫人伊丽莎白·冯海靖(Elisabeth von Heyking)的一段话很能说明当时欧洲人的对华心态:在参观完上海豫园后她写道,"对这个国家而言,没有什么比在欧洲控制下更好,中国人由此会很快感觉到更加幸福"。到了今天,历史发生了巨大转变:中国的物质生产极大丰富起来,欧盟用 2015 年 OECD 的数据对比中国,指出中国经济总量已经是全球第一,达 19.78 万亿美元,欧盟加在一起是 19.7 万亿美元,美国是 18 万亿美元。① 当然,我们自己统计是 11 万亿美元,但尽管如此我们仍是世界上第二大经济体,中国制造的物件遍布欧洲。中欧不仅在物质上广泛交流,中国的治国方略也越来越受到欧洲关注,中国和欧洲国家以及欧盟在全球治理方面的合作也越来越深入,我们注意到德国总理 2017 年 3 月赴美与特朗普总统会晤前和习近平主席电话沟通,共同发出了维护全球秩序与自由开放的贸易体系的强烈信号。可以说,中国和欧盟已经逐渐从器物交流转向治理模式互鉴、共同推进

① 详细数据参见经合组织(OECD)官网:https://data.oecd.org/。

全球治理的合作。中国的发展离不开一个稳定繁荣的欧洲，离不开与欧洲的密切交流与合作，中欧都应该是人类命运共同体的负责任的成员。

2. 欧洲的"寻敌"思维①

有一个历史故事，说的是有一位罗马帝国的将军在战胜敌人后深感哀伤，因为没了敌人他就失去了率军前进的方向。这正合欧洲的一句谚语，"要有高尚的品德，就要有强大的敌人"。

如今，将军哀叹声似乎又萦绕在了欧洲上空，正在发生的两个事件清晰地展现出那里的精英们寻找敌人的纠结和焦虑。

在精神领域，不久前30多位文化界知名人士发表宣言要为欧洲价值观和理念而战，使其免受民粹主义和民族主义的侵袭，该运动的"旗手"——法国哲学家列维还在欧洲各地巡回宣传，掀起一场他称之为捍卫欧洲价值观的"十字军征战"；在政治领域，即将开幕的慕尼黑安全会议聚集了各方政要，传统大西洋联盟的政治精英们力图确定和对付共同的"安全威胁"，这其实是寻找敌人的现代术语。

---

① 本节内容曾刊载在 2019 年 2 月 15 日《环球时报》，原题目为《欧洲该改改"寻敌"思维了》，此处略做修订。

欧洲的文化精英和政治精英仍在苦苦寻找敌人,这对欧洲并不是福音,对人类的和平与福祉也不是好兆头。欧洲历史上一再遭受战争的摧残,和平曾被定义为"战争尚未到来的时刻"。"和平总是依据战争来定义"的思维成为传统定式,难道二战后长达70年的和平太久,欧洲已失去承受和平的能力?

列维率领文化精英进行的"十字军征战",意在摧毁欧洲内部的反欧洲力量,要使民主、自由、人权和"世界好公民精神"在欧洲乃至全世界发扬光大。而列维坐拥亿万资产,曾于2011年的春天派遣其私人飞机把利比亚反政府人士从北非接到巴黎,为其提供所有资费,安排时任法国总统萨科齐(Nicolas Sarkozy)和欧美政要会见。后来法国率先轰炸利比亚,卡扎菲(Gaddafi)政权随后倒台,列维认为那是自己对民主和人权的大贡献。可是,利比亚至今没有有效的国家政权管控,成为北非难民从地中海逃往欧洲的主要出发点,他们中许多人丧命途中。

难民问题不仅拷问着欧洲的良心,也困扰着普通民众的日常生活。最新的民调表明,欧盟公民最关注的问题是移民(50%),其次是经济(47%)、青年失业(47%)和恐怖问题(44%)。① 德国内政部长泽霍费尔(Horst Seehofer)形容

① 参见 https://www.europarl.europa.eu/at-your-service/files/be-heard/eurobarometer/2018/parlemeter-2018/report/de-parlemeter-2018.pdf。

难民是"一切问题的问题",他说出了民众最关心的问题,但因政治不正确被媒体指责为讨好"民粹主义"。显然,民众关注的与那些文化精英"不惜为之一战"的人权理念已经相去甚远,百姓的欧洲和精英的欧洲不再是同一个空间。

对民众而言,逻辑并不复杂:我们要我们的欧洲,不要你们的欧洲。同一份民调表明,62%的欧盟民众对自己的国家加入欧盟给出积极评价,他们需要欧洲,但有一半以上的被调查者认为,欧盟目前的发展方向错了。而这些不是文化精英们关心的,因为他们仍想坚守"自己是民众启蒙者"的使命,全然看不清他们已经是问题本身,不再是解决方案的提供者。

政治精英们则把目光聚焦到欧洲以外,寻找来自域外的"安全挑战"。一年一度的慕尼黑安全会议就像是雷达,让政要们不断聚焦各种可能的"安全威胁",而有关朋友的消息却无人问津。慕安会自2015年起推出年度报告,其中,中国的分量越来越重,意味着中国越来越成为他们眼中的对象。2019年的报告更是有134处提及中国,意在提醒美国,俄罗斯只对美国构成紧迫的安全问题,中国才是美国长期的挑战者,唯恐中美冲突不够激烈,唯恐美国不把中国当作最大敌人。

只要粗略浏览慕安会近几年的报告,很容易得到这样的印象:这个会议名为安全,实则是寻找敌人,制造敌对。

欧洲深陷历史形成的竞争和敌对的思维定式,很难不以己度人,很难理解中国"和为贵"的价值传统。中国人讲的是"三人行必有我师",不是寻找敌人和对手,并在其中确定自己的价值。执意寻找敌人的结果,就是在培育潜在的对手,这也是欧洲近现代冲突历史不断确证的逻辑关系。

在地球日益成为命运共同体的今天,欧洲应该"重估价值",有勇气尝试新的思维,给和平以机会,和而不同,德不孤必有邻。德国总理默克尔曾言:"最坏的敌人是缺乏自信。"欧洲一些精英不要再四处寻找和制造敌人了。

3. "军事欧盟"建设[①]

2007 年,当时的德国外长施泰因迈尔这样描述欧盟安全政策:欧盟已经成为全球安全的输出者,成为解决全球危机的榜样,其特点是兼顾军事和民事手段,在欧亚非三大洲有效执行维和与重建任务,欧盟在全球安全体系中确立了应有的地位。但 10 年后的今天,欧洲暴恐不断,自身安全局势堪忧。美国总统特朗普把"保卫欧洲"当成一场"给货付钱"的交易,更令欧盟忧虑丛生。安全问题已经成为当前欧盟及其成员国各种政治力量的核心议题之一,也是决定其政治生命的根本标准。

---

① 本节内容曾刊载在 2017 年 6 月 15 日《环球时报》,原题目为《"军事欧盟"说说罢了,不必来真的》,此处略做修订。

二战后的欧洲依靠跨大西洋"盟主"美国获得安全保障,因而对美国形成了结构性依赖,尽管偶有独立自主的呼声,但基本没有大的作为。美国虽然不断要求欧盟自己承担更大安全责任,但也半真半假,没有大的动作。美国总统特朗普上台后表现出强硬改变游戏规则的势头,要把一切都放在"美国优先"的天平上加以衡量,包括对欧洲的"安全供应"。2017 年 5 月底特朗普首访欧洲时"追债"态度坚定,欧盟的实际掌舵人、德国总理默克尔对此深感失望,坦陈欧洲人完全依赖他人的时代过去了,欧洲人必须把命运掌握在自己手中。欧盟和德法两国领导人随后也纷纷就加强安全和防卫政策表态。比如欧盟委员会主席容克就公布了欧洲防卫战略建议书,计划设立欧洲防卫基金、建立联合军事指挥部,旨在实质推动形成统一的欧盟军事政策,包括建立一支"欧洲军队"。

一时间,加强欧洲军事力量的声音格外响亮,一些欧洲政策学者认为,欧盟已经进入调整政策的快车道,即从以往立足"民事欧盟"转向"民事欧盟"与"军事欧盟"并重,但更强调"军事欧盟"建设。

欲打造"欧盟军队"以求安全自主

"民事欧盟"源于欧洲学者提出的"欧洲民事强权"(Zivilmacht)概念,到 21 世纪初已成为欧盟各界推崇的理念,要义在于强调国际关系的非军事意义,与"军事强权"相对,主张以多边化、机制化和法制化实现国际关系的"文明化"。应该说,在遭受两次世界大战的血腥摧残后,塑造非武力的国际关系,走出以权力和利益为核心的现实主义魔咒,实现永久和平,符合欧洲民众的期待,也符合欧洲精英为全球树立国际秩序中文明榜样的价值追求。

只是现实和愿望往往难以契合。长期以来,5亿多人口的欧洲一直依赖美国的"安全呵护",因而在军事领域不得不完全听从美国指挥。对日益壮大并渴望"承担更大全球责任"的欧洲而言,这样的局面颇为尴尬,独立自主的冲动在冷战后不断滋生发展。1999年,欧盟确立安全和防卫政策机制,有计划地加强联盟军事力量;2003年4月,德、法、比、卢等反对美国发动伊拉克战争的"老欧洲"国家共同建立军事指挥机构,朝着建立"欧盟军队"的方向迈出重要一步;2007年2月,时任德国外长施泰因迈尔在阐述欧盟对外政策时提出,未来的欧盟应是"有牙齿的民事强权"。可以看出,欧盟谋求军事自强、掌握自身安全命运的想法早已产生,特朗普的"威逼"恰好强化了欧洲人的谋划。

近年来,波兰、荷兰、罗马尼亚以及捷克等国,都以不同形式加强了同德国的军事联合或融合,以至于美国《外交政策》不久前刊文,指出德国正在低调而雄心勃勃地建立一个由其领导的"微型欧洲军事体系"。这一说法能否准确描述德国的政策和行动还无法确定,因为很难想象德国弃北约和欧盟的双重体系于不顾,而在军事方面单独行进。但这些信息可能表明,欧盟及其部分成员国间的军事力量建设正在加速。

多因素致欧盟"军事一体化"太难

历史事实表明,欧洲未来的走向是文是武,德国的作用举足轻重。如何协调好思想和行动之间的关系,将是被誉为"思想大国"的德国面临的一大挑战。基辛格(Henry Kissinger)曾言,德国对欧洲而言太大,对世界而言太小。德国真要领导建立欧洲军事力量吗?果真如此,它有能力处理好与美国和北约的关系吗?

退一步讲,即便欧盟加强军事能力建设的决心已定,但它短期内有这样的能力摆脱美国"呵护"而独立自主吗?首先,仅从核保护和情报系统来看,欧盟目前根本离不开美国,况且美国也不可能真正撒手。美国总统特朗普明显有其战略谋划,要对欧洲采取"分而治之"战略,以使欧洲各国更加依赖美国。在此过程中,北约将是重要工具。

其次,即便是目前貌似态度尤为坚决的德国及其总理默克尔,最终也还是希望和美国走到一起。德国还没有挑战美国的本钱,这是事实。一个简单的例子就是,若无美国情报支持,德国连本国反恐问题都难解决。另外,周边国家与德国的军事合作多半是权宜之计,东欧国家更多的是因为恐俄而靠近德国,但骨子里难以完全信任德国。毕竟在它们看来,历史上德国欺负它们太多了。

再次,德法轴心并不十分牢固,不少法国精英认为德国当下气势仍盛甚至在欧盟问题上独断专行,法国则经济萧条,在心态上变得自卑。如果这种状况持续下去,法国人对德国人的反感情绪会加大,防备德国的心态也将增强,欧盟也将因此缺乏核心有力的领导。

如此看来,欧盟实现军事一体化很难,可能最多也就做些修修补补的工作,比如联合研发采购武器、培训士兵等,实质的系统作战能力很难形成。欧盟不是主权意义上的政权,没有战争权力,在可预见的未来,各成员国也不太可能让渡战争权力给欧盟。总之,要建立统一的欧洲常规军队太难,目前已有军力也只是基于成员国"民族国家"的有限合作。

正在试图构建欧洲军事力量的政治家们,或许应给历史一个讲述未来的机会:增强军事力量的结果往往是导致战争,这在欧洲历史上已被反复证明。况且,我们当下这个世界已有太多的武器了,它真正缺乏的是和平的意志、智慧和行动,欧洲更应在这个方向上做出努力。

4. 欧洲需要新的"时代精神"①

近来,欧洲媒体关于难民的报道少了,但难民问题远没

①　本节内容曾刊载在 2017 年 7 月 11 日《环球时报》,此处略做修订。

解决。从历史和现实的角度看,欧洲难民危机都具有全球意义,需要持续关注。

就历史而言,按以色列历史学家哈拉里的观点,现代人类源于非洲,由此向世界各地迁徙繁衍,迁移的原因是为逃避灾难或是寻找更好的生活。人类在不断"逃难"中创建新的文明,也破坏着所到之处原有的生态。

17世纪初,欧洲人大规模迁徙或逃难到北美洲"新大陆",引发历史进程的"破"与"立":原有文明消亡,"原始居民"印第安人几乎被灭种,新的文明和生活方式由此出现,欧洲难民在向外迁徙过程中的"破"与"立"形成欧美体系,影响此后全球历史的发展演变。

欧洲的"破"与"立"

就现实而言,欧洲虽已不是第一次卷入大规模难民迁徙事件之中。但与以往不同,这次是由大量外来难民涌入引起的危机,其未来发展趋势尚不明了,依旧是问题多于答案。不过,若沿循历史轨迹似乎可以预见到,这次危机也将催生新的、针对欧洲自身的"破"和"立",使欧洲及其"欧洲体系"成为被历史改变的对象。这在近现代史上是少有的,其走向也可能对全球局势和治理产生历史影响。

当前大批难民涌入"破""立"之间的欧洲,只是洲外移民进入欧洲整体事件的局部。在欧盟一些主要国家,有洲外移民背景者已占人口的1/4。德国一项研究表明,信仰伊斯兰教的人口在递增,而传统基督教文化圈人口在下降,伊斯兰教已是欧盟多国的主要宗教之一。来自伊斯兰地区的移民改变着欧洲的人口结构、文化结构,甚至饮食结构。比如,不久前德国政府坚持猪肉可以留在中小学午餐食谱中,穆斯林学生和家长对此表示强烈不满,要求把猪肉清除出学校午餐。

这些结构变化对许多欧洲人而言,尤其是在那些无力应变的底层民众中间,被视同于"破坏"的负面力量,撼动欧洲人身份认同的基础,引起越来越广泛的精神恐惧和抵抗。"欧洲是白人的欧洲""反对伊斯兰化欧洲爱国运动"等思潮已形成实际的政治力量。

难民危机的根源

此时的欧洲更需要追问:当前难民危机的根源是什么?事实上,这次难民"运动"的形成与仍然主导着全球治理模式的欧美体系密切关联,互为因果。

当资本和技术推动的全球化树立起"增长无国界"原则时,几乎一切国家和民族的"优劣"都被放在效益的天平上衡量和排序,没有增长或缺乏增长几乎成为落后的唯一标准;当人作为劳动力资源被全球调配时,"落后"文化圈的民众受到选择性鼓励,进入"先进"文化圈的社会大生产,支撑增长持续扩展,文化多元主义应运而生,以融合移民带来的异质文化,避免社会的分裂。当全球化受到欧美体系外弱势民族国家的抵抗时,"人权高于主权"又成为强势体系推行全球治理的普遍原则,试图取代不干涉内政的原有准则。尤其在冷战结束后,干涉主义盛行,国与国之间使用武力的行为有了合理性。

在这一波欧美体系治理全球的努力中,增长、多元、人权和民主等被赋予了绝对的道义力量,违者将受到广泛的谴责和惩罚,强大的舆论和学术提供了道义和学理的铺垫,强大的军事力量提供了行动上的支撑。西亚北非是这场治理的试验场之一,截至目前的试验结果是:该地区不少国家经济崩溃,维系国家完整性的政权瓦解,无政府乱局中滋生的宗教原教旨主义、极端主义进一步摧毁民众赖以寄托的精神家园。失去物质基础和精神依托的人们,能够选择的只有迁徙和逃亡,最理想的目的地自然是邻近的、发达的欧洲。

但并不是他们所有人都受到欢迎和接纳,欧洲的增长也是有国界的,欧洲的文化多元主义也是有限制的,欧洲的道义主义更是有前提的。欧洲目前就难民问题呈现给全球的做法依然是国家利益至上,换句话说是国家利己主义在回归。尽管德国总理默克尔表现出道义的品质,但她因此受到孤立,法国总统马克龙的"欧洲主义回归"至今并没有能够化解欧盟在难民问题上的分裂,这具有宿命般的悲剧色彩。

成为替罪羊的"异类"

历史为欧洲积淀了深厚的集体宗教心理,在这片土地上非基督教的文化始终是异教的因素,异族的人口,所谓"非我族类,其心必异",可能被一时的"文化多元主义"容忍和接受,但难以被平等地融进。尤其是在主流社会面临困难和危机时,异类的存在便被视为威胁,犹太人的"替罪羊"悲剧在过去千百年中不断上演,为这样的历史趋势提供了明晰的注脚。

我们应从足够广阔的时间和空间视域中去考察当下欧洲的难民问题,宏观思考全球治理的现实和未来。世界历史经历了300多年"现代"阶段,西方文明以强势的姿态扩张至全世界,这种扩张既伴随着侵略战争与经济掠夺,也伴随着西方价值观主导下产生的社会制度、生活方式、发展模式的输出与推广。

冷战结束后,欧美体系加大"治理全球"的力度,但世界并没有被治理得更安全、更美好,甚至连欧洲也被拖入动荡之中,成为需要被治理的对象。欧洲的政治家们还在忙着解决眼下的难民问题,这当然是必要的,但从根本上解决问题需要找出问题的根源。欧洲需要反思,需要一种新的"时代精神",向外扩张终归要面对回摆的反弹,这为全球治理提供了历史和现实的警示。

人类越来越是一个命运的共同体,它关乎每个国家和民族的命运,也关系到个人的命运。

5. 欧洲重振只能靠人文而非武功①

　　欧盟实际的政治中心柏林和巴黎悄然掀起一场关于调整欧盟外交政策的讨论,主因是"美国优先"政策对欧盟的剧烈冲击,目标是"一个强大的欧洲"。德国外长海科·马斯(Heiko Maas)撰文呼吁欧盟不再依赖美国,要强化独立的防卫力量和建立国际支付体系,必要时"对美国画红线";总理默克尔再次强调,欧洲人要掌握自己的命运;法国总统马克龙在年度使节会上表示要为欧洲而奋斗,"为星球而奋斗"。人们注意到,法德两国领导都反对"核心行为体"自行其是,主张国际关系多边主义,马克龙要"给全球化以人文的品质",马斯强调"价值联盟"。人们还注意到,马克龙总统要求"进一步扩大法国在国际上的影响力",德国领导和媒体则关注"德国在世界上的位置",而欧盟其他成员国至今对这场讨论尚未表现出参与的热情。

　　欧盟面临域外空前巨大的压力,不得不调整外交政策,而且外来压力增加了欧盟内部凝聚力,给政策调整带来机遇,但它尚需厘清几个主要问题。

　　首先,欧盟要走出价值单边主义误区,避免成为大话多、思想少的"理想主义"小圈子。一个国家或国家同盟内

---

　　① 本节内容曾刊载在 2018 年 9 月 28 日《环球时报》,此处略做修订。

确立共同价值和规则是维护共同身份、凝心聚力的必要前提，但把这样的内政价值推广到国际关系中去，要求其他国家以此为尊，就是罔顾各国现实和权利的价值单边主义，实质上是以道义之名，行霸道之实。这个道理曾是国际关系中的共识，所谓国与国之间没有永恒的朋友，只有永恒的利益。但是冷战后西欧和美国等一些国家却认为冷战是"西方价值"战胜了苏联和东欧国家组成的东方集团，并由此以为"西方价值"是放之四海而皆准的真理，可以高举这一旗帜去终结历史了。事实说明，历史不仅没有终结，反而依旧动荡不安，基于西方价值观的"人权高于主权"为国际干涉主义敞开大门，各类颜色革命得到鼓励和支持，结果是一些国家政权在"民主化"的过程中瓦解，国家陷入各种内外力量的血腥混战，民生涂炭。2015 年大量叙利亚和伊拉克难民逃往欧洲，引发欧洲难民危机就是悲惨教训。试图主导和参与输出民主价值的欧洲承受了输出的悲剧后果。借用马克斯·韦伯（Max Weber）的话就是，善意会结出恶果，看不清这一事实，"就是个孩子"。欧洲应该痛定思痛了。经历过战乱生死考验的欧洲老一代政治家很清楚，欧盟是从战争废墟上诞生的家园，回应的是欧洲自身的"生死问题"，而不是一个对外价值扩张的意识形态俱乐部。德国冷战时期推动与苏东集团和解合作的政治家埃贡·巴尔（Egon Bahr）生前就担心年轻一代变成外交上的浪漫派，他在 2013

年曾告诫中学生:"不管历史教科书说什么,你们要记住,国际政治从来不关乎民主和人权,而是国家利益。"(In der internationalen Politik geht es nie um Demokratie oder Menschenrechte. Es geht um die Interessen von Staaten. Merken Sie sich das, egal, was man Ihnen im Geschichtsunterricht erzählt.[①])然而,一些未经战争苦难的新生代欧洲政治人物一边宣扬多边主义,一边却热衷于价值联盟小圈子,在全球范围内搞意识形态划线,在头脑中浪漫地寻找对手,甚至制造敌友关系,不顾自身和民众的现实利益。如果非要拿人权尺子丈量的话,欧盟不得不面对那些成千上万死在逃往欧洲路上的难民,数据显示,仅在 2018 年上半年就有千余名难民在跨越地中海时死亡。欧洲是时候面对这些生死问题了,高大的道义话语和生死攸关的残酷现实差距太大了。最近,几位欧洲领导人频繁访问非洲,希望他们能够从长计议,促进那里的繁荣和稳定,从根本上缓解难民压力。须知,国际价值单边主义解决不了人权问题,民生是实在的人权,欧洲不应继续沉湎于自设的价值圈子,自我束缚。形象地说,就是生就欧洲的命,却操着全球的心。

其次,欧盟要克服块头扩大、能力变小的窘况,避免成为有主题、无主见的研讨班。冷战后,欧盟地缘扩大的同时

---

① 参见 https://www. sueddeutsche. de/politik/egon-bahr-verstand-ohne-gefuehl-ist-unmenschlich – 1. 2614596。

也增加了内部矛盾和协调的困难,客观上削弱了在对外关系中的行为能力。传统上的领头羊法国和德国常常不能起到在欧洲对外行动中主心骨的作用。就近期的事例来看,欧盟处理几个核心关系时显然缺乏战略能力:对待具有安全战略意义的欧俄关系左右摇摆,主要是依据美欧和美俄关系的冷暖确定对俄罗斯的温度,忽冷忽热,缺乏长远有效的对俄战略。一场缘由不清的"投毒事件"让欧盟各国和俄罗斯打了一场"群架",引起欧俄之间发生了自冷战以来最大的外交争端,但欧盟要达到什么目的则不清不楚,也不了了之。滑稽的是与此事件相距还不到半年,欧盟又试图拉近和俄罗斯的关系,以加重自己制衡美国的砝码。在叙利亚问题上狠话不断,但雷声大雨点小,先是与阿萨德政权势不两立,后又默认其存在,甚至在打击"伊斯兰国"方面保持一定的默契,继而又要进行干涉,却因英国议会不准而止步,至今依旧是解决叙利亚问题三大国际机制的旁观者。在伊核问题上,欧盟看似和美国抗衡的决心很大,为伊朗提供1800万欧元的援助,据称这只是总额为5000万欧元的援伊计划的一部分。但人们注意到,前不久英国布莱顿足球俱乐部(Brighton & Hove Albion F. C.)用2500万欧元买进了伊朗球员贾汗巴赫什(Alireza Jahanbakhsh)。给一个球员支付转会费2500万欧元,给一个国家的援助却只有区区1800万欧元,难怪有观察者借此讽刺欧盟是小家子气。伊朗方面也表示了怀疑,外长扎里夫(Mohammad Javad Zarif)日前就呼吁各方要切实考虑伊朗的经济利益,"少一些无用的声明"。在难民问题上,欧盟内部争吵不休,带头搞"欢迎文化"的德国成了孤家寡人,最终欧盟在疏与堵之间选择了堵。然而,大量的难民聚集在欧洲南大门之外,随时都有再次爆发难民危机的可能,欧洲清楚它不得不依赖土耳其的"不找麻烦",必须参与但又无力参与叙利亚问题解决进程。解决上述问题,欧洲已经发表了很多说法,但关键是做法,是战略。眼下的欧盟更像是"脱口秀",即便是传统上的主心骨德国和法国也在"先欧盟还是先本国"之间难做取舍,这样的局面要形成大战略、解决大问题,很难。

再次,欧洲已经今非昔比,武功不是根本选项,应重振人文欧洲。从历史上看,欧洲为人类文明贡献了思想、知识和制度,国际关系中的威斯特伐利亚体系(Westphalian System)、维也纳体系(Vienna System)都诞生在欧洲大地上并由欧洲主导。那个时代过去了,欧盟是那个时代过去之后的"留守"。现今欧盟定义的欧洲是把俄罗斯排除在外的欧洲,是自我压缩后的"小欧洲"或残缺的欧洲。欧盟担负不起整个欧洲的传统,很难再有往昔的视野、思想和力量,这是难以克服的历史窘境。从实力上看,世界经济和知识曾经主要产生在欧洲,欧洲自地理大发现开始不断向外扩张,那时的欧洲富有开拓精神,眼光向全球开放,充满活力,但现今的欧洲在不断收缩进欧盟,每一次欧盟地缘扩大都意味着欧洲与世界的边界在扩大,每一次欧盟内部的"团结"都意味着欧洲与外界的隔绝,每一桩对域外人员和资本的限制都可能是对外来活力的排斥。外延上看,欧盟不断扩大,一体化在不断深入,本质上却是欧洲在不断萎缩,圈子在不断固化:欧洲失去了开拓的精神,在自我封闭。统计显示,仅在过去10年中,欧盟在全球经济中的比重从17.61%下降到了15.12%;名列前十的互联网时代的大企业无一来自欧洲;欧洲专利的国际比重也在不断下降;令法兰西骄傲的法国大学在屈从美国评估大学的标准,曾为人类思想文明做出杰出贡献、令世界敬仰的德国大学也要用英语自我评价,欧洲文明的脊梁在退化。军事实力上,谁主导了战争,谁就主导着国际关系规则的制定。近现代,欧洲是大多数影响世界格局主要战争的发起者和参与者,也因此在处理战争结局的同时主导制定了影响至今的各类国际关系惯例和规则。二战以后,关系到世界格局的战争不再由欧盟组成的"小欧洲"主导,先是美国和苏联,继而在冷战后主要是美国,成为战争和国际关系的"新主人",欧盟老一代政治家认识到"再也不存在欧洲大国了"(联邦德国第一任总理阿登纳[Konrad Adenauer]语),他们开始立足于此构建起新的欧洲精神,保持了欧洲在国际政治中的地位。但新一代却要重振欧洲武力,以为唯此方可强大。须知,强军是要打仗的,饱受过战争摧残的欧洲承受不起战争的归来,还是要回到"人文品质"上来,一个开放、团结、繁荣、有强大人文精神的欧洲一样获得全球的尊敬,不要轻易放弃欧盟曾经追寻"人文强洲"(Zivilmacht)的理想。武功不是欧洲的选项。

欧盟外交要强大,需要法德发动机有力的驱动和引领,需要两架发动机提供强大的精神力量,并在统一的欧洲理念下形成合力。目前看,德法正在耗费过多精力去应对各自内政的矛盾,无暇顾及欧洲,这是欧洲的不幸。阿登纳曾言,欧洲要强大必须克服思想上的狭隘,对未来展望的短视,对已有成就的高估和对现实问题的视而不见。言易行难,现今欧盟再图强大,还有很长的路要走。

二、德国外交

1. "价值联盟"小圈子[①]

2018 年,德国外交部长马斯接受德国《世界报》采访时曾告诫"西方"要警惕中国,因为中国不属于那个共同的"价值联盟"。他给现今的中国贴了个"国家资本主义"的标签,而德国是代表着自由的联盟,应该和那些共享自由价值的国家更密切合作。马斯还话里话外暗示特朗普政府放弃领导"西方自由世界"将是长期现象,德国要肩负起价值联盟的引领责任,抵御西方制度的威胁者,并把中国列入了威胁者的行列,这是马斯在采访中给出的明确信息。

给人的印象是,马斯负责的德国外交政策透出了意识形态化的倾向,即以价值的名义把自我定义的西方制度和发展道路定为一尊,搞价值单边主义。看来,在这位被《纽约时报》形容为做事"像孩子一样激动"的德国外长那里,历史是很容易被遗忘的,这在一个重视历史并认为忘记历史就看不清现实的"哲人和诗人"的国度里算是很独特了。历

[①] 本节部分内容曾刊载在 2018 年 8 月 27 日《环球时报》,原题目为《"价值联盟"小圈子圈住了谁》,此处略做修订。

史上，在过去 100 多年的时间里，德意志民族饱受国际关系意识形态化之苦。

时间回溯到 1897 年，那是德意志民族实现统一后的 26 年，德国经济和综合实力经历了飞跃发展，精英们不满足现状，谋求在世界上"承担更大责任"。当时的外长冯比洛（Bernhard Heinrich Karl Martin von Bülow）激昂地宣称德国人要有自己"在阳光下面的地盘"（按他的意思，中国的胶州就是阳光下很合适占领的地盘）。当时流行的一幅宣传画描绘着象征德意志的大天使手持利剑率领着基督教"西方"去抗击来自非基督教东方的"威胁"，去推行德意志引领的"世界政策"。这一政策试图以宗教价值的名义整合"西方"力量，为自己到东方去获得"航运、商业和工业"利益，历史学家们称之为殖民主义扩张，导致了第一次世界大战，随着大战结束而告终。它不仅没能实现德国率领西方去抵御东方威胁的理想，实现"世界帝国"梦，结果却是德国自己被当作威胁，遭到西方的抵抗和征服。

历史还证明，"东方威胁"根本上是西方虚构出来的概念和借口，现实中的东方屡屡被迫成为西方争夺、瓜分和压迫的对象。如果说东方威胁，也是因为那里的人民不屈从西方列强的压服，那里的人们要保持自己的生活方式。对西方模式独尊者来说，东方的以上这些不同就是犯了价值问题，就是威胁了。

把时间拉到 1990 年：美苏领导的两大意识形态敌对阵营持续近半个世纪的冷战结束了，深受其苦的德意志民族再次实现了统一，彻底摘掉了战败国的帽子，实力获得巨大增长。然而，两大阵营的对垒在德意志大地上为厮杀构筑的战壕容易被跨越，成为历史的遗迹，但冷战在德意志精神上深深刻下的烙印却难以被抹平，意识形态的魔影仍然回荡在人们内心深处，不仅影响着德国东西部人们之间的相互感受和判断，也不时在德国对外关系中表现出来。有学者认为，物理意义上的冷战早已结束，但冷战的思维模式却无意识地继续存在，影响着话语方式和政治文化。

2018 年初，马斯上任伊始就跑到华盛顿游说，在为德国求利的同时，不忘提醒美国是共同价值盟国的领袖，对美国晓以大意义，即不要整自己人，要整就整那些"西方制度的威胁者"。德国媒体形容他的游说是"撞到了坚硬的墙"，因为"美国人关心的是其他事情"。在遭到华盛顿的冷处理后，德国和欧盟的一些政治人物索性把美国不再领导西方列为西方遭受的重大威胁之一。

人类生存在同一个地球上，命运相互依赖关联，国际关系应该遵循各国确认的规则和共同的价值，首先要相互尊重，多元发展。在国际关系中动辄以价值之名，搞意识形态的选边站，实则还是冷战思维作祟。人们注意到，马斯部长涉华言论受到了质疑，有德国友人表示，"德国自己的问题够多了,哪有资格对中国指手画脚",“经济上依赖中国,还想成为安理会常任理事国,却和中国作对,不理智"。

马斯部长需要时间去了解中国,理解中德之间的异同,促进中德关系继续良好发展。他应该认识到,一个深度融入世界经济的德国需要维护良好的国际秩序和与各国的关系,而不是搞意识形态的斗争,把世界往冷战里拽。他应该明白,中国仍然是发展中大国,发展仍是治国理政的第一要务,在国际关系中谋求各国共商、共建、共享,中国根本无意和西方或是其他的哪一方搞意识形态斗争。

马斯部长应该高兴的是,德国在中国民众中享有良好的声誉,中国高度重视发展和德国各领域的合作关系,他不应用轻率的言论消费这样的友好和重视。

2. 欧美贸易战难以避免①

欧盟委员会时任主席容克和美国总统特朗普就暂缓欧美双方贸易冲突达成一致,德国格外高兴。德国联邦政府经济部长阿尔特迈尔(Peter Altmaier)按捺不住喜悦之情,高度赞扬说事情取得了“突破",“确保了自由贸易和几百万就业岗位"。也是这位部长在容克启程之前还满怀焦虑地告诫,不要对容克的美国之行期待过高,只要双方能够在

———————

① 本节部分内容曾刊载在 2018 年 7 月 30 日《环球时报》,原题目为《对美欧免战,德国别太乐观》,此处略做修订。

"秘密和不公开的环境里""敞开自由地谈"就好,至于结果如何"就再说了"。德国的忽喜忽忧可见一斑,也在情理之中。因为欧美贸易争端主要是德国和美国的贸易冲突,欧盟对美高额贸易顺差主要发生在德国和美国之间,美国要制裁汽车行业也主要针对德国。避免和美国打贸易战,最符合德国利益,由此看来,容克的华盛顿之行为德国立了大功。德国作为外贸大国,在这场由特朗普政府挑起的全球贸易争端中如何应对,值得关注。就当前而言,虽然美欧暂缓贸易冲突,也就未来零关税谈判等议题达成一致,但发展趋势可能不像德国政府想象的那么乐观。

首先,不仅德国可以利用欧盟,美国也在利用,但欧盟这张牌不是万能的。借助欧盟,德国暂时避免了与美国发生贸易冲突;同样借助欧盟,特朗普总统拿汽车行业开刀,逼德国就范,德国一退,欧盟全体让步,可谓一箭多雕。特朗普总统曾谴责德国把欧盟当作工具,但也深谙其中奥妙,此次成功地"挟德国以令欧盟",迫使欧盟答应多购买美国的大豆和液化气。在 2018 年 11 月美国中期选举之前,这无疑是特朗普总统巩固自己在农民和油气工人中票仓的妙招。美欧是达成了一致,但德国在欧盟内部与其他成员国之间的张力却增强了,平衡这一张力需要德国付出代价。近来德国政府格外强调要加强欧盟的团结,"只有团结说话才能有分量""以欧洲的统一对付美国的单边",

这显然是在"统一思想",也透出德国在担心欧盟若不团结,自己就势单力薄,难以抗衡美国。看来,容克先生不仅帮了德国大忙,也助特朗普总统一臂之力,至于未来如何,他很坦率地承认,虽然答应要多买美国大豆,但"欧盟不能逼人买"。

其次,贸易战中的绥靖主义行为短期可能会保全自己,但也可能损伤自己的长期利益。可以想象,欧美贸易争端事关德国重大利益,德国台前幕后为促成"容克—特朗普交易"做了很多努力。美欧双方的联合声明中针对第三方"强制转让技术""盗窃技术"和"国有企业"的内容与近来德国智库和政府人员的话语有很多相似之处。给人的印象是德国为避免自己利益受损,一方面千方百计地借重欧盟向美国妥协,另一方面为美国出谋划策,包括拿第三方的利益作为换取美国"放一马"的筹码,主要针对中国。就在"容克—特朗普交易"之后第二天,德国传来消息称德国政府将以"国家安全"的名义阻止中国企业参股两个德国企业,时间上如此默契,很难不让人猜想是不是有"秘密和不公开"的约定,以显示与美国合作的诚意,这实际上是在中美贸易摩擦中帮美国一把。高度依赖对外贸易的德国需要多方商业机会和良好的信任关系,在关键时刻背弃这样的机会和关系,不是明智的选择。

再次,中国已经被牵扯到美欧解决贸易冲突的过程中,很难置身事外。欧盟有些力量一直在有意无意地把意识形态问题塞进经贸关系中,这样的力量主要发生在深受冷战思维影响的德国,波及欧盟,起源于智库和媒体,渗透进了政府决策。需要对此正视和化解:一是中德、中欧之间各类对话要更有针对性,加强对话的实际效果。当前,意识形态问题已经影响到中欧、中德之间的战略互信和经贸关系,应加大中欧思想界的交流,耐心有效地解决其包括制度对抗等话题在内的意识形态问题,但不卷入意识形态辩论,毕竟"发展才是硬道理",这是中国改革开放政策的智慧和精髓。二是注意区分外交工作和一般对外关系,避免把经贸活动政治化地解读或夸大意义,诸如中文媒体中时常出现的"买下德国""大量收购德国企业"等强调战略意义的话语,把中国在德企业收购渲染得沸沸扬扬,使德国民众真的以为中国在大规模"进军德国",加上一些德国媒体意识形态化的夸张报道,新的"中国威胁论"就煞有介事了,实际上中国在德此类投资不到外国在德投资总量的 1%。三是保持战略定力,解决贸易争端问题的关键是市场实力,中国巨大的市场机会和不断改善的营商环境是造福于民和在国际贸易争端中立于不败之地的根本保障。同时要意识到,市场巨大早已是客观现实,但营商环境质量还需要大力改善。市场加上卓越的制度供给和法律保障,便可"酒香不怕巷子深",做到"德不孤,必有邻"。

3. 谨慎的军事外交政策[①]

"高调"助法打击 IS，德又为何谨慎出手

2015 年 11 月 26 日，德国政府决定响应法国要求，派遣战机和军舰加入由法国主导的对叙利亚境内恐怖组织"伊斯兰国"（IS）的军事打击行动。根据已透露消息，德国将派遣四至六架"旋风式"侦察机、一艘战舰、一架空中加油机和卫星侦察支持。德国总理默克尔表示，将与法国人民共同战斗。但德国防长表示，德军主要提供协助，不直接轰炸恐怖分子军事目标。

不难看出，德国的军事介入很有限，虽然态度上与法国保持团结一致，"同仇敌忾"，但行动上务实谨慎，"适可而止"，军事介入的象征意义大于实际行动。德国高调谨慎的做法，与其自身的历史、外交理念和军事实力相关。

从历史上看，德国曾发动两次世界大战，给他国人民造成了痛苦，也几乎使自己毁灭，对战争的恐惧已经嵌入这个民族的心灵深处，这是二战之后德国始终忌谈用兵的历史原因。正是因为遭受过战争的残酷教训，德国政治精英普遍认为，战争不是解决国际冲突的手段，这形成了德国历届政府处理对外关系的基本理念，即谨慎用兵，有限用兵。德

---

① 本节内容曾刊载在 2015 年 11 月 28 日《解放日报》以及 2018 年 4 月 14 日上观新闻，原题目分别为《"高调"助法打击 IS，德又为何谨慎出手》《德国为何不参加轰炸叙利亚的军事行动》，此处略做修订。

国曾不得已跟随美国参加科索沃战争和阿富汗战事，也广受国内舆论质疑。与此同时，战争需要付出物质和生命代价，这也是吃尽战争苦头的德国人要竭力避免的挑战。德国联邦国防军前总监库雅特（Harald Kujat）就坦率指出，德军不可能，也没有条件参与在叙利亚的实地作战。当然，避免激化与国内穆斯林居民的矛盾，也是德国有限军事介入的内政考虑。德国现有 400 多万穆斯林居民，他们与中东乃至叙利亚有着千丝万缕的信仰渊源，与基督教德国"原居民"的宗教文化冲突在日益加剧。2015 年初，一项民调显示，近 60% 的德国人认为穆斯林是德国社会的威胁。同时，很多穆斯林居民也感到被德国主流社会排挤，难以融入。如果德国持久地深度卷入与中东伊斯兰世界的军事冲突，势必将加剧国内基督教"原居民"与穆斯林居民的隔阂，引起社会动荡，这是德国当政者的必然顾虑。简言之，多种因素使德国对法国的军事支持更接近于一种象征和姿态。

其实，法国又何尝不面临与德国相似的窘境？对内，众多穆斯林居民的融入问题日益艰巨，对外，军事打击 IS 力不从心，不得不求助俄罗斯和欧盟伙伴。毕竟，各国都有一本难念的经，当前的难民潮已经使它们焦头烂额，又如何远顾中东？或许，欧洲应认真反思，军事干预不是自己的优势，往日军事辉煌不再，要认清造成恐怖危机的根源，走政治解决道路或许能使局势柳暗花明。

德国不参加轰炸叙利亚的军事行动

2018 年 4 月 13 日，美国领导的盟军轰炸了叙利亚，英国和法国协同助威，德国却拒绝参战，与其他西方盟国相比显得与众不同。有评论认为，这是西方国家在危险的中东乱局中尚留存的一丝理性。综合来看，德国已经不是第一次拒绝参加美国领导的在中东地区的军事行动了，这自然与德国的特殊历史有关，也与德国深受难民危机之苦、需要考虑现实利益密不可分。

从历史的角度看，德国在 20 世纪曾经多次试图以军事手段解决所谓的"生存空间"问题，先后两次发动战争，给欧洲各国，乃至整个世界带来了痛苦和灾难，也把自己的民族拖入了苦难的深渊，几遭灭顶厄运。二战后，德国长期处于不完全独立的状态，也没有自己充分独立的军队，军事上严重依赖美国领导的北约集团，这使得德国在处理对外关系过程中很少也很难把军事作为重要选项。尽管冷战后，德国加强了在国外的军事存在，也修改了军事保守的政策，但历史经验至今影响着德国的外交思维，在处理对外关系时不轻言军事，对参与西方盟国的军事行动慎之又慎，如曾拒绝参与美国领导的入侵伊拉克的战争。

从理性的角度看，就如普鲁士军事家克劳塞维茨（Carl von Clausewitz）所说，战争是政治的延续，战争要服从政治目的，要有完整的谋略，而不是单独的手段。在这一点上，德国的精英层与欧美其他国家精英在如何对待中东局势问题上有着严重分歧。早在叙利亚危机爆发不久的 2012 年 2 月,德国时任外交部长韦斯特韦勒(Guido Westerwelle)就反对武装干预叙利亚,强调军事干预将"把叙利亚卷入一场战火蔓延的代理人战争",可能激起波及莫斯科的各方冲突,最终使叙利亚当权者从中获益,德国要寻求和平的出路,不是冲突的升级。今天回头看,这位英年早逝的外长在当时的判断不无道理。但德国对军事干预采取的谨慎政策受到法国一些精英的强烈质疑和反对,据说曾说服时任法国总统萨科齐军事干涉利比亚的哲学家列维就攻击韦斯特韦勒,在接受德国《明镜》周刊采访时说他是"一位无用的外交部长,你们应该搞掉他"。给人们的印象是,法国的政治和知识精英在武装干涉西亚北非方面有着高度一致,这与德国截然不同。事实给出的答案已经很清楚:七年前,叙利亚危机还被欧美媒体浪漫地称为是"阿拉伯之春"的一部分,七年后的今天连西方媒体也开始用"七年恐惧"来形容叙利亚发生的一切。据德国媒体报道,七年中 35 万人因战争死亡,500 多万人逃亡他乡,成为受尽磨难的战争难民。

从利益攸关的程度看,欧洲在地缘上是中东的近邻,"七年恐惧"早已蔓延到此。德国慕尼黑安全会议主席伊申格尔(Wolfgang Ischinger)日前就愤怒地批评欧洲在叙利亚问题上"没有策略",只是跟着美国跑,而美国特朗普政府只把叙利亚问题当作内政的投射和棋子,根本上也没有战略,"我们 5 亿欧洲人要比其他地区更多地承担(中东)地区军事冲突的后果,我们不能视而不见"。中东动乱,给德国带来的最大冲击之一是难民潮,据德国官方统计,德国是欧洲各国接受难民最多的国家,在 2016 年新到德国的 32 万难民中,1/3 来自叙利亚,叙利亚居难民来源国之首。可以说,德国吃尽了中东动荡的苦头,也深刻地认识到,殃及欧洲的难民危机与域外军事干预有着直接的因果关系,欧洲人不能跟着美国走。伊申格尔说,"推特是最糟糕的外交形式",德国电视一台的评论称,战争事大,怎能任由推特摆布。德国联邦议会外交委员会主席勒特根(Norbert Röttgen)日前抱怨道:西方在叙利亚七年的作为不见效果,深层次的原因是美国在此方面"没有外交政策,一切都是内政的算计,外交行为只是表现,这当然造成不确定性",美国无策略,欧洲没方案,这是"丢人的"。

德国不参加美英法军事打击叙利亚的行动,不是偶然的选择,是源于对历史和现实的经验和教训总结:动辄以军事干预的手段处理国际关系越来越难以奏效,七年的"阿拉伯之春"演变成"七年恐惧"应该足以给干涉主义强烈的警示,在国际关系中搞强权主义,以此转移干涉国自身的矛盾,甚至编个借口就打击他国,只会给我们不平静的世界制造更多麻烦。

4. 德国外交理念的调整①

尽管德国总理默克尔一再表明要继续干满本届政府总理任期,但柏林政界还是有圈内人士向笔者透露,总理一职的交接会提前到来。在刚刚过去的慕尼黑安全会议上,默克尔总理一反往常顺势而为、沉稳平实的话风,慷慨激昂地谈论世界格局和德国外交,甚至还酣畅淋漓地和美国副总统针锋相对,被德国电视二台称为"反特朗普阵营的船头女神"。给人的感觉是,默克尔已开始为总理职务交接做准备,在最后阶段系统陈述和安排她的德国外交政策。

在近期与德国人士的交流中,不少观察者告诉笔者,默克尔总理的外交安全政策宣示,可以解读为德国在经历了近两年与美国特朗普政府博弈之后,开始形成自己独立的外交理念、政策和部署。德国外交正在进入新的阶段。笔者认为有三个方面值得进一步关注和观察。

"安全观"的新视角

与美国武力至上的"实力换和平"安全理念相对,默克尔提出了"相互关联的安全观",为国际间多边合作增加了理念支撑。

尽管"相互关联的安全"这一广义的安全理念,10 多年前就出现在德国政府文件中,但在国际平台上作为德国官

---

① 本节内容曾刊载在 2019 年 3 月 5 日《环球时报》,原题目为《德国外交或正进入新阶段》,此处略做修订。

方主张由总理系统提出,还是第一次。在默克尔看来,安全议题不全是军事问题,气候变化、难民和发展也是安全问题。这显然不同于美国传统上充满武力特色的"实力换和平"安全观。

德国这一理念有现实背景:冷战后盛行一时的军事干涉主义安全政策,在残酷的现实面前失败,武力没能给世界带来更多和平,却使更多的人流离失所,汇入越来越庞大的难民大军,成为世界很多地区动荡的主要原因之一。欧洲也深受其苦,这可能成为默克尔执政的最大外交负资产。实力不意味着普遍和平,美国做不到,欧洲就更做不到,但德国开始明白的是,不能再跟着美国去做做不到的事。

提出广义的安全观,也意味着德国和美国在外交的核心理念上发生了切割,所谓"道不同,难相谋"。但另一方面也为国际事务多边共商敞开了宽广的大门。比如在非洲发展议题上,默克尔认为只有消除贫困,才能保障非洲的安全、稳定和福祉,这样才能缓解持久困扰欧洲的难民问题。在这方面,默克尔称赞中国在非洲发展上做了很多工作,"欧洲和中国可以在非洲发展问题上相互学习好的做法"。

"价值联盟"相对淡化

与以往欧洲政要竭力拉住美国固守"西方价值共同体"

相对,默克尔近期提及"价值"一词的次数比以往更少了,透出了务实外交的新气象。

美国总统特朗普执政后,包括德国在内的欧洲政要曾全力以赴地去游说华盛顿,继续领导"西方价值联盟"应对"西方制度的对手",劝导特朗普政府在贸易和军费等问题上不要打压自己人。欧洲的努力没能改变华盛顿,却深刻地改变了自己:深度转向民族主义的美国靠不住了,"欧洲人要把自己的命运掌握在自己手中"。

失望之余,柏林曾经出现过"以价值观为线在东西方各国间重新划分阵营"的学说,甚至要把美俄中等排除在外,像是要另立门户。但那个"多边价值联盟"的提出忽视了一个简单的问题:德国有能力带头在美国、俄罗斯和中国之外建立联盟吗? 外交是很具体实在的利益和道义选择,根本上是利益权衡。在慕尼黑,默克尔没有把时间奢侈地花在价值观问题上,而是当着美国的面驳斥美国的要求,并以此清晰地列数德国在"北溪2号"天然气管道项目、与俄合作、伊核协议、中东动荡等外交问题上的利益点。包括在对待中国5G技术问题上,德国也表态不会遵照美国的要求来,一切"以我为主"。

可以看出,德国在美国面前变得成熟和独立了,也开始要求美国倾听欧洲的诉求。人类的善恶标准岂能以东西地域和浸透偏见的意识形态取舍? 执意为之,要么是作茧自缚,要么是自欺欺人。

对华政策更趋务实

最后,与欧美一些意识形态人士声称中国是"西方制度对手"、宣扬"中国威胁论"相对,默克尔如今能更加客观理性地看待中国在国际事务中发挥的作用和角色。

随着中国国际贡献度和影响力越来越大,歪曲和误解中国的言论不断出现,各种"中国扩张论"和"中国威胁论"也不断翻新版本,2019 年度慕安会报告就称,"与俄罗斯相比,中国无疑是更重要的长期挑战"。有德国媒体甚至称,特朗普干的事只有一件是好事,就是遏制中国。就连德国外长也曾一度称中国不属于西方"多边价值联盟"。

从默克尔近期的发言看,其保持了冷静的头脑,既看到中德关系较以往变得多元复杂、"比以前困难"的一面,又从理解的角度客观分析问题,扩大合作共识点。比如,与歪曲中国在非洲搞"新殖民主义"的言论不同,默克尔认为中国在非洲发展方面做了很多工作,中德可以开展制度性合作。与"中国制度威胁论"不同,默克尔认为现行国际治理体系改革缓慢,致使中国另辟蹊径,"若世界银行早改革,就可能不会出现亚洲基础设施投资银行",因此应改革现行国际治理机构,让中国在"体制内"发挥相应作用。

当然,我们可以从不同角度去评价和回应默克尔的上述对华政策或态度,但可以比较清楚地观察到的是,默克尔应该是欧美国家现任领导人中访华次数最多、和中国领导人及各方面接触最广的一位，这使她有可能对中国有更深入的了解，做出比较客观理性的分析和决策。

默克尔没有附和那些充满敌意和遏制意图的"中国威胁论"，没有偏执于意识形态的价值观，理性客观的态度和务实进取的做法将进一步夯实中德关系的基础，这对"后默克尔时代"仍将是珍贵的外交财富。

或许，很难笼统断言默克尔对华友好或不友好，一个国家领导人优先考虑本国利益也属天经地义。但在动荡多变的国际局势中冷静客观地看待中德关系，无疑符合两国各自和共同的利益，也是对稳定国际秩序做出的贡献。

5. 德国外交需要新视角①

到访上海是德国政府代表和政治领导人访华时的标配内容，这座城市快速的发展足够让他们赞叹和惊讶，惊讶的是：上海比想象的要现代，与德国媒体呈现出的景象有很大不同。客人这样的惊讶倒是让我吃惊：中国是德国最大的贸易伙伴，于德国大众的福祉很重要，对这样的伙伴应该是很了解的，特别是精英们。是不是媒体要为信息和认知缺失负责？因为媒体描绘的不同景象，让人觉得中国是威权

---

①　本节内容的德文版曾发表在 2019 年 10 月 29 日德国《国际政治与社会》（*Journal für Internationale Politik und Gesellschaft*）杂志上，中文版刊发在 2019 年 11 月 6 日观察者网，此处略做修订。

制度？若此，应该问一问：这样的制度里怎么还能充满活力？这里的生活为什么这样丰富多彩？

把中国比作民主德国违背常识

一位曾在民主德国生活过的德国政治家在上海访问一所大学时的演讲中，一口气谈到中国和民主德国，暗示着如何更好地治理国家。他显然把中国与民主德国相提并论了。估计在场的中国听众没有就此做出反应，是因为理解贵宾的初衷是善意的，只是顾问们不专业，信息失真：只要想一想中国民众可以自由出入国境，自由开业经商，自由发挥自己的才智，还有被国际游客广为赞叹的多彩生活，就能看到，把中国类比民主德国是与实际不符的。但向客人纠正这样的常识，在中国通常被认为不是待客之道。

一个国家的外交政策基于对外部世界的认识和对自身利益的权衡。上述事例显示，德国外交对外界的感受有些失真。这不仅涉及对华关系。

过去两年多，德国外交决策者频繁拜访华盛顿，试图劝谕美国，德美同属一个价值共同体，期待着美国能够继续领导德国和其他盟友们对付大西洋"价值共同体"的对手和敌人。但时代已经发生了根本变化。欧洲旧大陆难以接受的是，美德关系早已转变，特朗普政府的美国首要关注的是美国自己，"美国优先"。在美国的政治色谱里只有美国色和非美国色，德国和其他国家一样属于"非美国色"，不同的只是色调上的深浅。

美国特朗普新政迫使欧洲和德国意识到自己认知的误差，必须修正自己对美关系的感受。于是，我们听到了"欧洲人要把自己的命运掌握在自己手中"的高声呼喊。然而，欧洲在军事、外交、经济领域严重依赖美国，根本难以独立行走，伊核协议的破产以及欧洲的难民问题等都清晰地展现出了欧洲在语言和行动之间的鸿沟。欧洲的自由在美国那里碰到了边界，或许要问：欧洲命运之神在美国吗？掌握自己的命运，行比言难。

德国的对俄政策几乎被一个词主导：制裁

俄罗斯对德国具有地缘政治和地缘战略上的重要意义，但德国对俄政策的旗帜上几乎只有一个词：制裁。一个非常简单的事实是，德国在能源供应方面非常依赖俄罗斯。没有与俄罗斯的稳定关系，任何德国的安全方案都难以想象。冷战结束后，科尔主政的德国政府坚定不移地改善德俄关系，努力把当时仍然非常脆弱的俄罗斯融入欧洲和跨大西洋共同体中。其后的施罗德总理和普京总统建立起了"哥们儿关系"，两国各个层面的合作十分密切，包括公民社会领域的制度性交往。再以后，特别是克里米亚危机之后，德国对俄政策的辩论基本上就只有"制裁"或是"不制裁"两个选项了，尽管德国与俄罗斯的关系如此重要。德国对俄政策急需多种思路和选项。

"马克龙每天有新主意,但德国就是不回应"

德法两国被视为欧盟的发动机,但它如今常常运行失灵,让众人失望。德国一位学术界的人士形象地表达了她的沮丧,"马克龙每天有十个新主意,但德国就是不回应"。人们普遍期望德国在欧洲一体化方面发挥领导作用,这需要德国面向未来,不能忙于应付眼前事务,更不能纠结于过去。构建未来,需要新思想;应付现在只会让德国裹足不前,原地踏步。欧洲一体化的目标到底是一个德国的欧洲还是一个欧洲的德国,这一问题需要德国不断回答。波恩大学屈恩哈特(Ludger Kühnhardt)教授在《欧盟的治理与管控》一书中讲道:"最近,中欧国家的一位大使抱怨说,他再也无法忍受德国政界谈欧洲了。每当德国人坚持表示他们多么为欧洲着想,多么希望能多一些欧洲,少一些德国,我就有被威胁的感觉,因为他们根本不听其他欧洲人是怎么想的,也不听其他欧洲国家对构建欧洲的设想。"德国应该向布鲁塞尔输送欧洲的思想和倡议,而不是仅仅从自身利益的角度提出德国的方案。这是一个巨大的挑战,但柏林必须面对!

德国媒体描绘了一个异样的中国形象

当然,欧洲视角包含全球维度,突显多元。中德关系亦如此。两国政治、经济、文化、教育以及民间社会的密切交流让中德关系成果丰硕。但这种关系越丰富、越多维,它就越复杂、越多样。中德双边关系中，人们常常听到不同的声音，双边关系经受风浪和考验的能力还需要加强。中国公众有一种感觉，即德国媒体对华报道要么是一边倒的负面新闻，要么就是远离现实的报道，试图以此来扭曲中国形象，甚至把中国"妖魔化"。面对德媒的诸多负面报道，许多中国人在问：为什么德国媒体对我们的评价这么差，而我们却对德国存有好感？两国民众间的相互感知存在着很大的落差。

经常有人告诉我说，中国恐惧症正在欧洲游荡。欧洲人认为中国经济发展了，下一步就是要称霸世界。更有甚者提出，中国是欧洲的制度性对手。欧委会现任主席冯德莱恩在求职演讲中说："那些威权国家正在购买全球影响力，通过对他国基础设施的投资让他国依附于他们，这些国家在经贸投资行动上采取保护主义政策。欧洲要坚持多边主义，要走自己的路。"她将正常的经济活动政治化，硬是给常规的经济关系附加上额外的令人害怕的意义。欧洲当然得走自己的路，但这并不意味着欧洲的路是唯一的路。否则，欧洲宣扬的多边主义又怎能令人诚服？欧洲的古老智慧是"条条道路通罗马"。各国发展的路径是多样的。中国人认为，中国必须走自己的发展道路，这是很自然的事，而且这条路经实践证明是正确之路，因为中国人民福祉整体上正在不断提升。

中德应共同捍卫多边主义

中德两国同为出口大国，双方建立了全面战略伙伴关系，而且这一伙伴关系首先受到两国政治信任的庇护。两国元首和政府领导之间互访频繁。习主席多次访问欧洲，并在诸多国际会议场合与默克尔会面。而默克尔总理12次访华。自2011年起，两国还举行政府磋商，签署了诸多合作协议。中德政府磋商机制也因此被视为两国合作的"超级发动机"。此外，中德之间还建立了70多个对话机制。在这些机制框架下，中德关系得以生根、发芽、开花、结果。由此可见，中德之间早已是利益共同体，为两国人民福祉以及世界和平与增长做出贡献的同时还要承担更多的全球责任。

美国单方面挑起的贸易争端不仅损伤了中美经济，也给全球经济带来巨大压力，自由贸易体系近乎被掀翻。中国给出的回应是进一步开放市场。我最近调研过的在华德资企业均证实，尽管中国市场比以前复杂了，但获得的利润仍然比在其他国家更丰厚。2018年，中德贸易额高达1993亿欧元，中国连续三年成为德国最重要的贸易伙伴。而德国是中国在欧洲最重要的贸易伙伴。

在远离政治冲突话题的民间交往和社会关系上，中德两国相互欣赏和吸引。目前，有3.7万名中国学生在德国留学，上千名中国学者在德研究，双方签订了1300多个高校合作协议。对德国学生而言,中国是欧美之外最大的留学目的国。青年人的选择是基于对未来美好生活的憧憬,可视为双边关系的晴雨表。在上海外国语大学学习汉语和国际关系的巴伐利亚女大学生对我说:"中国的生活和大学的内容与德国不同,但这种异样不是异类,并不让我感到害怕,反倒带来了很强的吸引力。上海的发展出乎我的意料,这一切都强烈地吸引着我。"

世界处于深刻变化之中。单边主义、保护主义破坏了迄今为止的世界秩序。中德两国应携手捍卫多边主义。互信是前提,各领域的务实合作是基础。的确,中国的经济发展和技术进步正在挑战德国,中德之间的竞争压力在上升。但竞争不是令人恐惧的原因,而应是推进自身发展的动力。企业界有一种智慧叫作:竞争让经济行为更有活力。

德国外交政策需要哲学思想

自特朗普执政以来,世界范围内外交政策去多边化和自我中心化加速,这不仅导致二战之后艰难建立起来的世界秩序失衡,而且还颠覆了多边主义的理念。世界正变得更加动荡,不确定性增加,2015 年以来的难民危机对欧洲甚至世界产生了巨大的威胁。德国外交在许多场合扮演了救火消防员的角色,但这样的外交难以持续。德国外交应从日常应急事务中抽身而出,花时间思考根本性的问题,谋划面向未来的方案。德国素以其思想家而闻名世界,德国外交需要哲学,不然的话,德国无法在欧盟起到领导作用,也很难在国际事务中承担起更多的责任。

前些年出现的"以文强欧"的理念是欧洲对国际政治思想的贡献,如今却差不多被遗忘了,取而代之的是外交和安全政策军事化倾向,而且这一倾向已成为欧洲及德国政治辩论的中心议题。然而,让欧洲在世界范围内获得尊重和荣誉的不是军事的欧洲,而是民事的欧洲、文化的欧洲和社会的欧洲。德国外交要有胆识,赋予康德的永久和平理念以适合我们这个时代的思想空间,哪怕是一些乌托邦的思想也可能实现。这一点在历史上多次得到证明。试图用更多的武器和更大规模的军事演习来创造更多安全与和平,也可能误入歧途,适得其反。

人权是国际政治公认的公共产品。为他国人民实现人权提供帮助是一种美德。为难民提供保护或为发展中国家提供发展援助应受到尊重。但是要在国外强行捍卫人权,容易导致干涉他国内政和对他国意识形态指手画脚,这会引发不满和怀疑,尤其在那些曾被殖民压迫过的国家。当人权主张绕不过自身利益考量时,辩论外交政策的诚实和公信力就会受到质疑。在保护人权的同时,确保本国公民得到安全稳定的权利不受侵犯,变得越来越艰难。难民危机为此提供了一个例证。

如何在新的世界格局中找到自己的定位,跨大西洋的,欧洲的还是全球的,这是德国外交尚未回答的问题。向西看,昔日的朋友美国不再是原来那个美国;往东看,令德国畏惧的敌人苏联已变成俄罗斯;向前看,中国从贸易伙伴变成了经济伙伴和竞争对手;身边又是需要全面协调的法国;往中东欧方向看,历史遗留下的阴影还有待照亮。德国必须在世界秩序动荡、外交利己主义加速发展的时候找到自己的道路。这并非易事。战后秩序会继续发展,这一次德国外交需要新的哲学和思想参与构建新秩序,为世界的安全、稳定和发展做出贡献。

第三部分
中欧中德关系

一、中欧关系

（一）欧洲的中国认知

1. 欧洲精英一再错看中国①

近 40 年来，世界密切注视着中国，有赞誉，但也有焦虑和不安。就在过去一个多月的时间里，包括美国《时代》杂志、法国《世界报》和德国《明镜》周刊等欧美"意见领袖"媒体，纷纷不约而同地以醒目的汉字或汉语拼音推出封面标题，向全球昭示"中国赢了""中国，强国崛起""醒来的巨人"。

从"狼来了"到"狼真来了"

在这一波欧美媒体"中国攻势"中，《明镜》周刊封面的"醒来"和与此相呼应的主题文章《醒来的巨人》前后呼应，用心良苦：一方面，它借用据说是 200 年前拿破仑的名言宣称，中国这头睡狮已经是"醒来的巨人"，甚至还宣告，"自由世界的领袖"美国特朗普总统 2017 年 11 月 8 日到访中国是

①　本节内容曾刊载在 2017 年 11 月 18 日《环球时报》，原题目为《自设陷阱的西方精英一再错看中国》，此处略做修订。

"磕头",是移交领导世界指挥棒的"告别之旅",可谓"语不惊人死不休"。

另一方面,《明镜》苦苦呼吁西方要赶快"醒来",对崛起的中国不能"没有战略",要"团结一致应对"。与以往不同的是,《明镜》文章用大量篇幅承认中国在很多方面取得成就,但把这些成就巧妙地演绎为对西方的更大制度和价值威胁,可谓是升级版"中国威胁论"。

如果说西方媒体之前传播的"中国威胁论"是喊"狼来了",心里其实并不真怕,因为他们不相信中国真会很快强大起来,现在则是真心感到"狼来了",因为确实看到了中国日益强大,"已经跨越了超级大国的门槛",在迅速从政治、经济、科技和文化等各个方面超越"西方"。给人深刻的印象是,《明镜》始终不渝地抱守"西方",其"中国和西方对抗"的思维定式和观点预设根深蒂固。

从"谁来拯救中国"到"谁来对付中国"

西方一些精英们始终在"崩溃论"和"威胁论"之间框定观察和判断中国发展的视角,醒目的标题和主题不断出现。从经济角度看,1995 年前后出现过"谁来养活中国"的声音,渲染中国人长期下去不仅解决不了吃饭问题,还要连累全世界。现实是中国不仅吃饱了饭,而且还往全世界的碗里添饭,人均 GDP 从 1978 年 155 美元增长到现在的 8100 美元,占世界经济的总量从 4% 左右上升到 18%,对当前全球经济增长的贡献率超过 30%。

从制度角度看,出现过"谁来拯救中国"的论调,认为中国经济增长不可持续,只有沿着西方政治制度转变,才可成为一个"正常和健康的"国家。现实是按照西方精英方案进行改革的国家鲜有健康发展的案例,反倒是出现了一系列倒退甚至濒临崩溃的国家,就连西方的大家们也认识到,西方的制度拯救不了中国,不仅如此,西方制度本身随着特朗普执政、英国"脱欧"、难民危机等事件进入了前所未有的考验期。

当惯了老师的西方,很不情愿地看到中国这个"学生"在理论、制度和实践的道路上走自己的路,而且越走越自信。于是,"谁来对付中国"的声音正在西方的媒体上变得越来越响亮,所有的希望被寄托在美国和美国总统身上。但是,让他们失望的是,奉行"美国优先"的特朗普似乎对西方精英们的意识形态喜好并不感兴趣,于是我们当前就看到了西方的"精英"反对"西方领袖"的场面。特朗普被愤恨的西方精英描绘成一个向中国"磕头"的人,是"符合中国利益的好总统","为中国南海政策开道"等等,可谓大逆不道。西方精英阶层正在竭尽全力地把特朗普拉回到"对付中国"的道路上来,办法是把中国的发展和强大演绎成对"西方"的威胁,自然也是对美国的威胁。这一波的"中国威胁论"与此前的相比,有了新的含义和意图。

故远人不服，则修文德以来之

如果硬是按西方一些精英们热衷的方法把中国和西方对立起来，并找到其中价值观的分野，可以清晰地看到贯穿西方价值体系的一条主线，即人对人是狼的人际观、国对国唯利是图的国际观、优胜劣汰的发展观，以此观察崇尚强弱相济、互利共赢、和而不同的中国很难不看走眼。时代变了，抱守"西方"的西方精英们或许该到先辈那里寻找些智慧。如果历史记录可信的话，拿破仑 200 年前不仅预言东方的狮子会醒来，还警告了英国使臣，不要试图去征服中国，互利才是上策。德国前总理施密特（Helmut Schmidt）生前也不断告诫，"西方"没有资格指责中国走自己的道路，要对这古老文明及其当代的改革发展保持尊重，不要"看错了中国"。

与其说欧洲一些精英可能"看错中国"，不如说是误导自己，陷入自己设置的意识形态陷阱。他们不是在中国改革发展中汲取智慧，而是死守对立思维，总想着改造中国，阻碍中国按自己的模式发展，这会暂时增加中国发展的阻力，但无碍中国进步的大方向。《明镜》文章中有一句话说得对：中国的改革发展有战略，不动摇。

另一方面，新版"中国威胁论"是唯恐天下不乱，尤其是挑逗中美"互殴"，若真遂了他们的愿，恐怕天下不太平，各国无宁日。

对中国而言,过去 40 年已经习惯了来自西方的各种论调,对新的"威胁论"或"崩溃论"不必在意,发展是硬道理,办好自己的事,做好自己的人,讲好自己的故事,古人云:故远人不服,则修文德以来之。

2. 欧洲抹黑中国的"假命题"①

蓄意制造的"假新闻"一般是短命的,各国对此已保持高度警惕,一些国家还立法防范和打击。与此不同的是,刻意想出来的"假命题"却往往能比较顽固地长期存在,它们通常是某些专家和智库的意见,因此带着很强的权威性和影响力,决策层对此宁肯信其有,不愿疑其无。也因此,假命题比假新闻对现实可能有更加持久和强烈的破坏力。更有甚者,假命题可以引导出策略和政策的误判,比如在欧美不断出现的"中国崩溃论""中国拖垮世界论"和不同版本的"中国威胁论"等。之所以称之为假命题,是因为那些言之凿凿的观点一再被证实是假设或妄想,与事实的发展和真理相悖。类似假命题近年来还在不断出现,有的呈现出蔓延之势,对此应有清醒认识。

当前,一个在欧美比较流行的假命题是把中国描述为造成"后西方"和"后秩序"的主要力量。2017 年,具有广泛

---

① 本节内容曾刊载在 2018 年 4 月 16 日《环球时报》,原题目为《谨防抹黑中国的"假命题"固化》,此处略做修订。

影响力的智库慕尼黑安全会议在其年度报告中称，民粹主义和"非自由的力量"正在冲击基于西方"价值体系"建立起来的现存世界秩序，全球正在进入"后西方"和"后秩序"的时代。该文件实际上把欧美国家内部以特朗普现象为代表的民粹主义，以及俄罗斯等被列入威权或独裁的国家解释为来自外部的"非自由的力量"，迅速发展起来的中国也被捎带进去。一些欧美智库断言，威权政治在全球的吸引力越来越大，也特别不忘把中国列入其中，变着说法地指称中国是针对西方价值体系上建立起来的世界秩序的挑战者。这个假命题已使欧美一些国家的政治家对中国忧心忡忡，有的甚至呼吁防范中国对西方的"制度性"冲击，笔者近来在与欧美学者和政府层面人士的交流中，经常听到这样的观点和由此表达的焦虑。

放在整个人类文明史中观察，就不难看出，世界的制度结构始终在不同文明的互动中发生或消亡着。区域或全球性的制度是不同文明体集体经验和智慧的贡献与积累，不是某一文明体独一构建。无可否认，近代以来，特别是随着资本主义工业化的发展，西方在全球贸易制度构建上做得多了一些，但这不应成为唯我独尊的理由，更不应该当作全球制度建设排他主义的借口。

然而，各国、各文明体发展的态势是不可能永远被遏制住的，新兴经济体蓬勃发展，为包括西方体系在内的全球经济贡献出巨大的增长。这本该是信奉"人生而平等"的西方国家感到高兴的,但我们看到的却是不安与焦虑,"唯我优先"成了主导的学说,"美国当先"直截了当。用美国现任贸易代表莱特希泽(Robert Lighthizer)的话就是美国"要决定做什么,怎么做,规矩是什么"。

与美国的"我优先论"有所不同,一些既受美国气又指望被美国领导的工业化国家面对新兴国家时,自觉不自觉地热衷于"我们优先论",它们也一样既从新兴国家的发展中获得了丰厚的利益,又难以超越西方文化中"优胜劣汰"的古老理论,看不清全人类同处一个命运共同体的时代特征,把充满活力的新兴国家,尤其是发展迅速的中国当作制度对手。于是,"后西方""后秩序"的观点在不断蔓延,欧美一些智库和学者不断游说称:西方原期待中国随着经济发展能够变成现有国际秩序的"负责任"成员,而现状与西方愿望相悖,或称西方向世界开放,中国却越来越封闭,抑或是中国正把经济实力转化成政治优势与西方抗衡,等等。德国政坛已经出现"民主制度处于危险"之中的说法,态度若明若暗,似乎中国已经成为破坏这种制度的"非民主力量"的一员。

已经有欧洲有识之士对中欧、中德间的"误解"表示担忧,期待双方加强信息和观点交流,避免"假命题"不断固化,成为双方关系的障碍。一位接近德国政府高层的人士借用汉语"危机"一词建议,当前的误解已经很深,任其发展可能危及双方的关系,应该加强交流,为中德关系注入新的理解和信任。的确,在密切的经贸和政治关系基础上,需要进一步加强高质量的人文交流,促进在理念和观点层面上的相互了解和理解,说明白中国始终是世界和平的建设者、全球发展的贡献者、国际秩序的维护者。

3. 欧洲对华感觉和实践严重脱节①

2018 年 5 月德国总理默克尔访华把深受"推特外交"影响的国际社会聚焦到中德和中欧关系上来。当前中德、中欧关系呈现出"实践"和"感觉"二元并存的状态。一个显著特点是,舆论和意见人士主导的"感觉"落后于双方各领域交流丰富的"实践"。

在实践中,中国分别是欧盟第二大和德国最大贸易伙伴,巨量贸易规模不仅意味着货物服务商品交换的经济现象,也标志着双边社会各领域特别是民众的广泛参与和接受,是生活方式的交融。德国经济界整体上看好中国,认为中国市场提供的机会多于其他国家和地区。在诸如气候问题、自由贸易和伊朗核计划等议题上,双方是现存国际秩序的有力参与者、促进者与密切合作者。

---

① 本节内容曾刊载在 2018 年 5 月 25 日《环球时报》,原题目为《欧洲对华"感觉"与"实践"严重脱节》,此处略做修订。

感觉层面却与上述实际分裂。一些智库学者和媒体人士执着于"批判视角",怎么看中国都不符合他们给定的政治范式和制度标准。他们掌握着舆论和资政观点供给,使一些政界人士对中国的"制度威胁"惴惴不安。前不久,德国联邦议会议长就宣称:西方民主制度受到威胁,不能接受中国制度"获胜"。此类言论让人觉得冷战的幽灵还在欧洲徘徊。

一神论的基督教是德国和欧盟绝大多数国家的主导宗教,这深刻塑造了欧洲的文化传统。黑格尔的"绝对理念"则进一步从哲学和逻辑上框定德国的思维模式,在其关于世界和人的观念中,始终有个至高无上的绝对存在、绝对标准,万物万事遵此外化。这样的教义和学说历史地形成了布道驱动和居高临下的视角,这也刻印在国际关系中以"西方价值"为尊的思想和行为上。与此不同,中国没有一神论传统,近现代以来,各种世界宗教和学说纷至沓来,在这块土地上交汇融合。现今中国在国际关系中强调各国、各民族应遵循适合各自情况的发展道路和制度模式,不输出制度模式,不对他国制度指手画脚。同样是主张国际关系的多边主义,中国话语中的多边主义没有意识形态的价值内核。

常有德国客人在中国边防接受检查时或看到某些场面时会联想到东德的场景,感觉不适。问之,在其他国家受检,比如美国的检查,更加严格、烦琐,是否也联想到东德,答曰,没有。曾有德国政界高层人士访华做演讲时拐弯抹角地把中国和东德做比较。冷战对思维模式的影响由此可见一斑。当然,不是所有德国访华人士都有如此感受,前不久访华的德国雇主协会联邦联合会主席就表示:拿中国和东德相比的人,根本就没真正看到中国的发展。单单从欧洲冷战背景定义的意识形态角度,解释不了中国改革开放激发出的巨大活力、取得的巨大发展,解释不了中国为世界经济增长做出的巨大贡献。

中德关系的"家底"厚实,尤其是丰富的经贸关系构筑了坚固的压舱石,但中德和中欧关系不是"简单的买卖关系",还需要夯实战略信任基础,在扑朔迷离的国际关系中自觉积累相互信任,并为动荡的世界注入稳定;需要充分意识到双边关系在实践和感觉层面上局部出现的背向发展现象,分析其深层次原因,从侧重推动经济关系的传统做法上,投放足够精力去"管理感觉",避免有意无意的意见和舆论拖后腿,更多促进广义上的人文交流。

默克尔总理此行不仅是为解决眼前迫切的经贸议题,更为着眼未来,从战略高度认识中德互动对德国和欧洲的战略意义,排除国际关系中的机会主义行为。前不久人们注意到,德国和欧盟一些政府或政界人士接连不断地到华盛顿游说,不仅期待美国把制裁欧洲的大棒打向中国,更期盼着与美国联手持久对付"制度对手"中国。一位欧洲议会资深议员就认为此举缺乏智慧，"美国更可能和中国做成生意，因为中国是位有说法、有手段、有确定性的伙伴"，"欧盟有说法，没手段"。当前现实说明，只有欧洲的个别政治人士才有兴趣在国际关系中搞意识形态"说法"和选边站队。希望深受冷战之苦的欧洲能够尽快从冷战梦魇中清醒过来。如此，中德、中欧关系将克服结构性信任障碍，未来的道路会更加平坦。对中国而言，一个在对华关系中脱离了意识形态灰色的欧洲，会在文化、社会、自然和经济上呈现出更加丰富的色彩，将是更成熟的伙伴。

4. 欧盟出台限制中国投资的政策[①]

近年来，关于中国公司在欧洲投资和收购大幅下降的报道引起舆论注意，这当然属于企业自身经营性行为，投资数量有起伏也符合普遍的经济规律，但笔者认为，局部经济活动与中欧、中德整体关系的诸多关联因素也值得观察。

中国较有规模地投资欧洲，特别是在德国直接投资大致是近15年的事，且增长速度不断提升，最初深受德欧企业界和政府的欢迎与鼓励，但劳方有顾虑，担心中国企业会转移中方的管理制度模式，损害当地工人利益。2008年，德欧

① 本节内容曾刊载在2019年8月16日《环球时报》，原题目为《中欧经济关系如何更上层楼》，此处略做修订。

陷入金融危机时,出现过政企合力请中国前去投资,并努力化解本地劳方和社会对中国企业投资,特别是收购忧虑的局面,可以说,当时德欧主流对中资呈现出空前的"友好盛况"和"欢迎文化"。德国工会联合会的一位负责人曾对笔者说,几年的实践表明,中国企业入主后普遍遵守德国企业制度,甚至保留全部员工,不干涉企业管理,并给企业产品带来中国市场机会,受到劳工欢迎。而美国老板来了马上换管理层,把企业改制包装后再高价卖出去,赚了钱走人。

　　形势在 2016 年前后发生了明显转变。随着中资企业在德欧并购投资数量不断大幅增长(在德国有些年份的收购数量甚至超过美国),当地社会和舆论关注度也迅速增加,出现了政治化炒作,有些欧洲媒体甚至渲染"黄龙要买下欧洲",中国要通过收购欧洲技术超越欧洲,甚至称中国收购正在科学和技术上威胁德欧。媒体不断负面炒作,给中国企业在欧、在德正常的投资收购活动制造出的疑惑和恐惧气氛日盛,一些政界人士参与到中国"收购威胁论"的行列,美国也不断出面干预中资投资一些所谓有敏感技术企业的活动,向欧洲一些国家政府施压。在此过程中,德国等国政府在本国,同时也在欧盟推动出台政策措施,对中资企业在德欧企业并购和投资活动施加限制。政治层面的意见和决策进一步强化了德欧对中资的疑惧心态。虽然经济界整体,特别是企业多数依旧欢迎中国企业的加入。但可以注意到的是,中资在德投资较在其他欧洲国家有明显下降趋势。根据安永公司的统计,中国企业在德直接投资从2016年的68个大幅下降到2018年的35个,下降幅度远远大于中国企业在欧洲其他国家的直接投资。

还要看到,中资企业在德欧直接投资数量下降与中国国内经济走势、经济政策调整及企业本身经营战略和现状密切关联。一方面,在经历过"淘金热"后,企业在选择投资对象时更趋理性,政府出台对外投资的相关政策也开始发生作用。另一方面,随着中国劳动成本上升,国内国际市场竞争压力增强等因素,中国企业更加注重提炼内功,提高生产效益、产品质量和管理水平等,企业整体质量和实力均在不断改善,以往靠并购提升自身的需求在相对减弱,选择投资对象时更加系统性地考虑市场、资源和技术等综合要素。笔者近来调研过的几家汽车零配件企业在技术、产品和管理方面呈现出的全球视野和自信令人印象深刻。一位专司中欧并购业务的专家介绍,前几年,有些德企对有并购意愿的中企是待价而沽,现在一半的价都难找到来自中国的买家。总部位于上海,长期关注中德、中欧汽车配件市场的上海先惠自动化技术公司总经理就表示,中欧技术差距在缩小,国内企业的技术已经能够为在欧生产提供一些技术支撑,公司在投资欧洲时会综合规划中欧两边的优势,不会盲目单方面投资欧洲。

　　特朗普政府以前所未有的破坏力损害着全球经济,在空前的不确定因素面前,曾经普遍被认为行之有效的市场经济法规和惯例基础正在被瓦解,企业的投资信心普遍受到损害,这自然也影响到中国企业海外投资的意愿和行动。应该看到,这是当前世界经济面临的巨大挑战,也是中国和德欧企业共同面临的"难关"。首要的是维护和恢复企业对全球经济运行规则的信心。对此,中国和德欧政府与社会应有充分的认识和共识,并为中欧包括企业投资等在内的经济合作创造更好的法律框架和社会氛围,包括尽早就中欧双向投资达成全面的制度安排等。此外,媒体在此过程中不要帮倒忙,走出"人咬狗才是新闻"的怪圈,有勇气去介绍双方企业合作中的成功案例。

　　应该相信,当前"美国优先"破坏全球经济秩序、损人不利己的现状难以持续,中欧、中德企业的活力不会被持久压抑,随着未来全球经济环境的改善,中德、中欧优良的市场依旧会吸引着双方企业相互投资,对不断发展的中国企业而言,欧洲仍然有良好的投资空间,而中国企业的加入将会进一步提升德欧企业的活力,带去中国这一全球最大的消费市场。为此,各方应着眼长远、立足实际、深耕细作。

　　包括企业直接投资在内的经济关系是中欧、中德全面关系的基础,也是各领域关系的合力结果与整体关系状态的风向标,持续健康的经济关系需要各方面关系的良性陪伴与促进。须知,良好的经贸关系不仅仅是企业间的"个性"行为,也不是自然而然的事,需要各方呵护。当前来看,相互间的战略与社会信任依旧是摆在中欧、中德面前迫切需要解决的议题。

5. 欧洲对"一带一路"倡议的认知①

在"一带一路"倡议实施过程中,学界普遍认为我国存在知识短板问题,尤其是我们对具体国家党政制度、人文地理、社会经济等国别知识还很短缺,需要重视和解决。反过来,相关国家对"一带一路"倡议的认识也是不足的,甚至是有误解的,当然这个认识也是在动态变化之中的。欧洲即是如此。

我们在谈欧洲时,首先要确定是哪个欧洲。地理的,文化的,政治的,经济的,还是军事安全的? 不同的定义就意味着不同内涵的欧洲,包含着不同数量的国家,有的说 50 个,有的说 43 个,还有的说 28 个或 27 个,甚至 19 个,等等。这里所指的欧洲主要是指欧盟。对此,我有三点观察和一个思考。

中欧在"一带一路"范围内已有广泛合作

从基本面看,中欧之间有着广泛深入的经贸合作。欧

---

① 本节内容根据笔者在上海市改革创新与发展战略研究会、上海外国语大学联合主办的第四届"读懂世界"上海论坛(2019)上发言整理而成,曾刊载在 2019 年 6 月 11 日《文汇报》,原题目为《"一带一路"在欧洲认同面扩大,从共处到共存》,此处略做修订。

盟是中国第一大贸易伙伴,中国是欧盟第二大贸易伙伴。这不仅仅是货物往来,更意味着包含人文、投资和生活方式在内的全方位交流与融合。商务部的统计数据显示,2018年中欧贸易额高达6822亿美元,同比增长10.6%。这个基本面是中欧共建"一带一路"的保障和内容。

从合作项目来看,举几个代表性例子:中法联合在英国建立核电站,这是国际贸易体系中双边在第三方市场的合作;中国公司承建了克罗地亚佩列沙茨大桥项目,其中80%以上的资金由欧盟区域发展基金提供,这就意味着这个项目在欧盟治理框架内运营,不是另起炉灶;法国、英国等国金融业共同参与了"一带一路"绿色金融项目;中欧基于铁路的综合运输通道开展科研合作项目等。可见中欧在"一带一路"框架下的合作数量多,质量好。刚才黄仁伟教授提到"一带一路"有十大合作板块,我觉得"一带一路"和欧洲合作彰显着高质量的特征。也就是说,中欧合作的成果在很大程度上能够影响到我们"一带一路"建设的质量。毕竟迄今为止欧洲还是先进生产力和管理经验高度聚集的地区。

从制度方面看,中国和欧盟多数成员国签署了共建"一带一路"的双边合作备忘录,已经加入到"一带一路"国际合作高峰论坛圆桌峰会联合公报以及成果清单中。在促进和改革多边机制方面,如协同改革WTO,中欧合作提交相应的方案文件。战略对话机制方面,由"领导人—战略—经贸—人文"组成的"1+3"高层对话格局是比较清晰的。从各方反应看,亚投行既是项目合作又是制度安排,是中欧成功合作经典案例。亚投行筹建一开始就和欧洲密切协商,经过十几场密集的谈判得以形成共识,很多标准参照了欧洲,得到国际同行的高度认可。亚投行的一名副行长就是德国人,他负责政策与战略设计。2016 年至 2018 年,亚投行已投资亚洲基础设施项目金额达 40 多亿美元,最大的受益者是尚未加入"一带一路"的印度,这充分体现了中国的开放政策和实际行动。这个例子是"此时无声胜有声"。德国在 2019 年 3 月的联邦政府财政部报告里,对亚投行给予了高度的评价。

中欧之间依然存在理解赤字

尽管有大量推进与合作的案例,但中欧之间在"一带一路"议题上依然存在理解上的赤字。就价值定位而言,中欧都提多边主义,但所指不尽相同,有些欧洲领导人提的多边主义是排他性的,比如德国外长就曾说,欧洲的这一价值体系里并不包括中国。现在,欧洲的想法有一些改变。相比之下,中国提的多边主义是更具包容性的。

当前,欧洲对中国的定位还很多面,颇为纠结:有贸易合作伙伴,有经济竞争伙伴,还有制度对手等说法。"制度对手"的提法曾引起了很大争议。2019 年 3 月,我特意和德国政府、智库、经济界人士交流，这三个领域内人士的对华感受很不一样。智库人士认为中国就是"制度对手"，这个概念产生后还进入了欧盟的文件，影响很负面。欧盟盛产概念和思想，有建设性的思想，也有破坏性思想。经济界认为"贸易合作伙伴"这个说法好，特别是德国雇主协会联邦联合会主席，他认为"制度对手"的称法太缺乏外交艺术，称"经济竞争伙伴"更合适。他对中国的兴趣浓厚，很想了解更多的中国事务，但觉得中国提供给欧洲的信息和说法太少了。德国政府的一位高官提到，有中国学者提到"一带一路"就说是学习欧洲和超越欧洲，这让欧洲人很害怕。习主席讲，建设"一带一路"要各国共商、共建、共享。学界和媒体在对外交流和介绍时，不宜渲染"超越"的意义，你说要超越人家，人家能不担惊受怕？

还有欧洲人认为"一带一路"就是中国在搞地缘政治，是"中国优先"，欧盟议会的一位德国籍议员甚至称亚投行就是中国人的"强权机器"，这样的声音时时出现，但现在看，欧洲主流对亚投行是认可的，也就是说，"一带一路"很具体，具体的事例生动，很有说服力。

当然，欧洲对"一带一路"的争论，还与欧盟内部矛盾相关，就是相关的合作由谁来主导的问题。是德国主导，还是法国主导？还是成员国各做各的？这涉及欧盟内部权力结构问题，比较复杂，中欧关系当然和欧盟内部关系密切联动,这个视角也需要关注,中欧关系不仅是中欧之间的互动,也是欧洲内部的互动。从发展态势来看,欧洲开始时普遍对"一带一路"很欢迎,后来质疑声音增多,现在是"有条件的参与",从欢迎到质疑再到鼓励,呈现出欧洲对"一带一路"建设有波动但向良性方向发展的趋势。

虽然中欧之间有些分歧,但合作的主调是显而易见的。不过,学术讨论和媒体报道谈问题的多,说成功的少,似乎谈问题才更显深度和水平。这样片面感受、片面表述的现象值得关注。

"一带一路"在欧洲的现实意义和未来趋势

谈到中欧合作共建"一带一路"的前景,当然需要我们更多地了解这个伙伴,了解目前欧洲的内部环境和外部环境,这样更有利于推进"一带一路"的高质量发展。

欧洲议会的选举刚刚结束,欧洲内部目前呈现出几个显著的特点。

第一,"再国家化"倾向明显,某某国优先的做法受本国选民欢迎,成为胜选的妙方之一,如此下去,欧盟日渐成为各个国家的俱乐部,使欧洲协调一致变得非常困难。

第二,各国政治凸显出"个性化""小众化"特点。通常人们爱用"民粹主义"来描绘其政治的右翼化,在我看来,其背后是"从众主义"或"媚众主义"的政治文化,政治面向大众的时代在终结,在"小众化"之风盛行下,传统的全民党走向衰亡。战后欧洲的政治文化不断变化,政坛主角一代不同一代,政治能力也从宏观谋略转变到专业技能,到现在主要是凭感觉了。老一代政治家和民众都是从一战、二战走过来的,到了德国总理默克尔已是最后一代人了,新执政的政治家没有战争和欧洲分裂的记忆,他们大都生活在和平年代,擅表达,讲故事,张扬个性,行动和方案不是强项,"初生之犊不怕虎",不会像老一代政治家那样强调妥协是政治的核心要素,这很容易把政治带入言语对抗之中。

第三,出现文明宗教化趋势。在基督教欧洲的世界里,其他宗教也纷纷出现,尤其是伊斯兰教的扩张,人口不断壮大,宗教引起的社会和政治张力加剧。如果你去巴黎十九区,你见到的是另外一个巴黎,一幅非欧洲国家的面貌。德国的情境也大致如此。不同宗教的人在欧洲相遇和交织,冲突时有发生,破坏性的交互作用在发生。

第四,对于欧盟的前景,欧洲议会选举被称为是"没有选择的选举"。关于未来欧洲发展的前途,基本上就是脱欧还是留欧两种选择。我个人感觉,未来并没有回头路。众所周知,欧盟其实是从战争、死亡和苦难当中逃逸出来所建立的,如果回头,长远来看还是死亡和灾难。任何一个可称为"政治家"的欧洲人或者欧盟人都会意识到这一点——欧洲不是问题,而是解决问题的方案。《圣经·创世记》里有盐柱一说,罗德的妻子不听天使的叮嘱,在逃离灾难时回望城市,结果被天上降下的盐所包裹,成了一根盐柱,在以色列境内至今仍留有这个供后人凭吊的古迹遗址。欧洲一体化如果朝后退,就有可能陷入"盐柱命运"。

从经济角度看,欧洲经历了中欧贸易的增长,欧洲统计局数据显示,自2000年以来,中欧货物贸易额达到此前的3倍,中国和欧盟加起来的贸易量能占整个世界贸易总量一半以上,占比非常可观。因此,欧洲是建设"一带一路"过程中极为核心的区域。从技术角度看,迄今为止,欧洲仍然是我们最大的技术和项目的供给者。从文明角度看,刚才周部长也强调了中欧如何形成一个共同的理念,或者是道义上的某种设计。我们共建"一带一路"一定有战略,这个战略的开放品质意味着它可以跟欧盟共同协商形成,意义是在互动中实现的,不是静态的。

"一带一路"和欧盟"欧亚互联互通"合作中展望出新的前景。在欧洲连接亚洲的战略里,欧洲人希望中国能起关键作用。在制度安排上,欧盟和中国共同参与WTO的改革,能否维持多边合作框架对未来全球化推进至关重要。而此前的中欧合作战略规划到2020年就将到期,未来的规划或许可以聚焦中欧自贸区建设或者是中欧投资协定谈判,以此共同构建和推动全球的治理。由此看,中欧未来在"一带一路"上的合作潜力非常大,当然前提是

"一带一路"建设要高质量发展,有可持续性。近年来,我国对外传播工作不断改进,尤其是习主席本人在各种场合强调和平、增长、改革、文明的中欧伙伴关系,不同程度地消弭了欧洲人的一些误解。这为今后的推进夯实了文化基础。

2019年5月31日,中国国家副主席王岐山到访欧洲时说:"中方始终从战略高度和长远角度看欧洲,坚定支持欧洲一体化,是欧洲可以平等对话、可持稳定预期、可以信赖的合作伙伴。"从中可见中国对欧洲的重视,给中欧关系注入了更多信心和信任。这在动荡的世界格局中至关重要。

中欧关系的定位,可用一个新词形容。大家习惯了讲和平共处,"共处"的英文是"co-existence",谁也不惹谁的意思。进入新时代,中欧关系已经达到了高度互融的状态,可以在西文"co"这个前缀后加一个"n",变为"con-existence",意思是"共存""共生"。"共存"有"融合"的意思,即命运是共通的、相通的,谁也不要折腾谁,谁也离不开谁,邻居失火我会不安全,你家房子漂亮外面有花有草,我也拾掇得有特色,共同提升生活环境,可谓"一荣俱荣,一损俱损"。

从"co-existence"到"con-existence",即从"共处"到"共存""共生",既是对中欧关系现状的描绘,也是对这一关系发展的期待。

（二）中欧共同责任

1. 第二十次中欧领导人会晤《联合声明》的解读

值中欧领导人第二十次会晤之际，欧盟驻华大使史伟先生2018年7月16日在《环球时报》撰文表达对峰会的期待，解读峰会的《联合声明》。可以从文中读出三层意思：

一是强调欧盟高度重视对华关系，相信中欧合作在当前不确定的地缘政治中对双方和世界其他地区具有重要意义。文章从双边和全球治理的战略高度上定位中欧关系，这可理解为欧盟发出的积极信号，符合双方的理解和利益，值得称赞。

二是强调中欧合作要务实，见行动，列举了当前急需双方解决的议题，诸如贸易规则、外交安全、气候环境和人权问题等，多处提到"行动"一词，强调"将承诺转化为行为""从共同愿望转向具体而有针对性的合作""把语言转化为政策措施"等，透出迫切期待峰会能取得切实成果的愿望。这应该是中欧双方共同的愿望，是双方应努力达到的共同目标。

三是峰会给中国提供了难得的机会，文中称"现在对中国而言是公开做出承诺并采取措施的好时机"。若将此与第二层意思联系起来，就很难不得出这样的印象：大使这是在要求中国付诸行动,告诫中国不要错过峰会这一难得机会。这样读来,就听得出大使话中有话了。这也很容易让人联想到一些欧盟智囊人士近来向执政者们献出的"良策":中国正处在美国的高压之下,欧洲人要及时利用这难得的机会向中国继续施压,提出贸易和政治等方面的要求,以获得更大利益。想必欧盟决策层对这类计策不陌生。德国《德意志电台》7 月 16 日更"自信"地说:中国害怕和美国打贸易战,希图拉欧盟为盟友,和欧盟多做生意以抵消贸易损失,为此,中国在争取欧盟的信任。经智库和媒体这么一说,原本正常的中欧贸易关系变了味。

欧盟谋略自身利益,无可厚非,呼吁务实行动,也值得称道,但若是单方面要求中方行动,且仅仅认为中欧合作是给中国的机会,那就是片面诠释了中欧关系当前需要解决的议题和这一关系的战略意义。欧盟应该清楚这几点:

其一,中欧经贸关系整体发展良好,促进了双方的经济增长和民众的福祉,有着众多可以讲述的美好故事,是双方互需共赢的结果。还要看到,出现的局部纠纷也是伴随经贸关系密切深入出现的良性烦恼,而处理这些烦恼,双方也积累了足够的经验和机制。中欧之间有贸易问题,更有处理贸易的能力和健全的机制,这是健康的体征,不必为出现一时挫折就大肆渲染。此次峰会确定,双方将强化制度合作,让规则助力和巩固双边经贸关系,这更展现着双方关系的成熟度。尤其是,双方要共同坚持和改善国际规则,维护和加强世贸组织等多边机制作用,"迎接新的挑战",保障合作可持续发展,并以此加固全球制度大厦,这体现了中欧的务实精神和全球责任担当。应该说,中欧经贸关系对全球贸易体系是巨大的正能量,政治层应对此加以呵护,提供保障。

其二,欧盟成员国的一些政治人士近来热衷于发出一些干扰双方经贸关系的声音,这个趋势已很清晰。人们注意到,欧洲个别智库近年来把不断发展前进中的中国描述成挑战西方制度的力量,这样的话语已经进入政府领导层的语汇体系,影响了欧洲的政治思维和决策。前不久,德国防长在接受美国媒体采访时公然把中国和俄罗斯放在一起,当作"西方"的敌人,甚至引导特朗普总统把中国当作敌人,尽管特朗普总统不全领情,依然固执地首先指欧为敌。德国是欧盟的领头羊,其防长的话在欧洲有很大的代表性。问题是,这位防长没有也无法说明与欧洲无地缘纠纷的中国怎么就成了欧洲的敌人,怎么就威胁了西方的制度!简单树敌,以制造恐惧来笼络民意,为自己的政治生命输血造势,这恰恰是民粹主义惯常使用的蛊惑手法。连欧洲的一些学者都在担忧,欧洲的主流话语在迅速右倾,不仅迎合民粹主义,而且正在变成民粹主义的一部分,成为社会分裂的催化剂,也困扰着欧洲的对外关系。

其三,欧盟应该尽快从自己设置的"西方价值体系"中解脱出来,不要拿政治动机涂抹丰富多彩的欧洲,使欧洲变得无趣。冷战前后应运而生的"西方价值共同体"早已随着特朗普政府上台而终结,虽然欧洲千方百计地把美国往"西方"拽,结果却是一再碰壁。"自由""平等""博爱"是高尚的理念,是各国人民为之奋斗和实践的目标,对欧洲也一样,但没有哪一个国家掌握着实现这一理念的秘方,可以去医治他国。回望历史,自这一理念提出以来,波及人类最残忍的战争是在欧洲大地爆发,并从欧洲殃及世界的。德国著名历史学家莱茵哈德(Wolfgang Reinhard)认为,欧洲的历史是扩张的历史,暴力的历史。即便是现在,当人们高谈人权的时候,欧洲门前年年有成百上千的难民在地中海溺水,痛苦地死去。有良心去拯救那些难民的人却遭到戏弄,包括一些传统上偏左的媒体也加入了谴责的行列。轰轰烈烈的"欢迎难民文化"已经销声匿迹,代之以封锁的高墙和成员国之间的争吵,有欧洲媒体称难民问题使"欧洲的梦想变成了噩梦"。在人权方面,欧洲还有很多作业要完成,还当不起"人权先生"。应该让"西方"回归其地理的本义,放下缺乏学理和实践支撑的"价值光环"和由此而产生的道义优越感,敬人如己,和谐共处。

须知,多元多彩的欧洲对中国人和世界各国人民有强烈的吸引力,而吸引人们的主要是经济的欧洲、社会生活的欧洲和文化艺术的欧洲。人们对政治的欧洲并不太在意。

中欧经贸关系很牢固,民众对相互的文化充满兴趣,不应让这一切受到人为"误解"和"曲解"的干扰,舆论精英们掌握着观点高地,有责任增进相互了解,加强交流互鉴,为此需要相互尊重,相互学习,而不是好为人师。

2. 英国"脱欧"后的中欧关系①

英国长期身兼欧盟成员与美国"特殊伙伴"两个身份,在欧盟对外关系决策中举足轻重。如今,英国"脱欧"已成定局,欧盟未来的外交姿态必将随之发生变化,独立性的一面无疑会更加突出。这对中国而言,机遇大于挑战。

一方面,整体实力变弱的欧盟会在政治上更加倚重中国。没有英国的"代言",干扰欧中关系的美国因素减少了,中欧政治关系有可能朝更加积极的方向发展,欧盟有望取消对华武器禁运。始于 20 世纪 80 年代末的对华武器禁运尽管早已没有实质意义,但一直被视为中欧关系中的一个政治"绊脚石"。早在 2004 年,法德等国就推动欧盟解除对华武器禁运,以实现欧中关系"政治正常化",但法德的倡议受到英美联手作梗。欧盟近日将出台新的欧中关系文件,强调欧中相互需要,要相互信任,在应对全球问题等议题上

---

① 本节内容曾刊载在 2016 年 7 月 14 日《环球时报》,原题目为《准备好与"新"欧盟打交道》,此处略做修订。

要加强战略合作。解除没有实质意义的对华武器禁运措施将是改善欧中政治关系的实质性举动,有助于增进双方更加广泛合作的信任基础。

另一方面,因英国"退群",趋向保守的欧盟在经济上对中国可能更"斤斤计较",为满足内部不同利益集团的诉求,做出损害中国利益的举动或提高谈判要价。这方面的一个表现就是欧洲议会前不久屈服于钢铁行业的保护主义压力,拒绝承认中国的市场经济地位。据德媒报道,德国政府为保护本国钢铁产业,与法国共同协调对华施压步骤。没有了奉行自由市场经济的英国,欧盟在贸易问题上可能更偏向保护主义,与各类利益集团密切关联的欧洲议会很可能越来越成为保守和民粹力量的大本营,中欧贸易摩擦增加。

欧盟的上述变化可能从政治和经济两个方面显著影响其对华政策,这需要中方及时调整对欧政策。与权力结构变得分散模糊的欧盟打交道,中国需要多方用力,不仅需要有效应对欧盟及其成员国的"二元行为模式",还要掌握不同利益相关者的"电话号码",建立起多渠道、多模式、多行为体的对欧工作网络。尤其是要与欧洲议会内的不同党派加强联系,通过沟通和接触,促进议员们了解中欧的共同需求,争取为中欧合作的大局营造良好的基础,避免因偏见和误解抵消中欧合作的活力,甚至动摇双边关系。

与此同时,与一个变得内向的欧盟打交道,中国要更加主动而为,设置议程,推进2014年《对欧盟政策文件》的落实,并根据欧盟当前的变化适时修订中欧关系的利益和价值定位,要在顶层设计政治、经贸、人文等各个领域的合作。特别应该鼓励欧盟在解除对华武器禁运方面大胆地往前走一步,实现双边"政治关系正常化",同时为可能到来的更多的经济贸易纠纷做好应对准备。

3. 中欧之间的话语赤字问题①

尽管中美关系是当前国际关系中的一大热点,中欧关系也正经历着史无前例的演变。虽然中欧过去几十年积累的传统共识正受到来自欧洲个别智库和媒体的挑战,但合作仍然是欧洲对华关系的主基调。

中欧当前的矛盾主要来源于双方力量对比的变化,但更紧要的是双方未就如何管理这一变化达成共识。与中美关系当前重点解决"怎么做"相比,中欧之间可能要更多解决"怎么看"的问题,尤其是欧洲如何判断快速发展后的中国对欧洲现在及未来产生的影响。

"中国问题"已成为欧洲主要国家,尤其是法德两国国内政界及社会层面关注的主要议题之一,德国经济界内部

---

① 本节内容曾刊载在2019年4月9日《环球时报》,原题目为《中欧迫切需要填补话语赤字》,此处略做修订。

甚至还就此展开了一场大辩论。当今的欧洲,中国议题格外热门,各个领域的看法差异很大,知识界、政界和经济界各有特点。

如果把政治经济研究机构、媒体和智库统称为知识界,可以明显感受到其涉华观点和判断相当负面和悲观,其强烈程度空前。这一领域的人士或是出于先验价值标准,或是基于欧洲现行的政治经济学原理,片面地将中国视为不同于西方自由民主体系的"制度竞争者",甚至是"系统性竞争对手""制度对手",认为欧洲必须团结一致、奋起"反抗"来自中国的"威胁",似乎欧洲的未来会因中国的发展而黯淡。

与此同时,他们看到纷争中的欧盟不能如他们所期望的那样形成制华合力,因而感到沮丧和恐惧,这样的气氛在德国学界较为普遍,甚至连一向与中德关系大局保持若即若离关系、很少公开发声的汉学组织都罕见地向德国社会和政府"谏言",警告各方在与中国打交道时要保持警惕,还要建立相应的机构对涉华活动进行"澄清"。

虽然很难说汉学家协会的谏言是否代表德国"中国通"的普遍看法,但学者这样迫切地针对中国发声,还是反映了学界的倾向与焦虑,以及这个群体在涉华认知与交流方面的赤字问题。同属知识界,一些科学技术研究机构或学术资助管理机构,如弗劳恩霍夫协会(Fraunhofer-Gesell-

schaft）、德意志学术交流中心（Deutscher Akademischer Aus-
tauschdienst）、洪堡基金会（Alexander von Humboldt Stiftung）
以及德国研究基金会（Deutsche Forschungsgemeinschaft）等，
却依旧表现出对华合作的强烈愿望，有的与中国企业在 5G
领域也保持着密切的科研合作关系。

与知识界形成鲜明对比，经济界整体上对中欧关系持
积极乐观态度。德国大宗贸易、外贸及服务业联邦协会
（BGA）主席宾格曼（Holger Bingmann）就呼吁德国不要陷入
"中国恐惧症"。针对中国是"制度竞争者""制度对手"的
说法，代表上百万德国企业利益的德国联邦雇主协会主席
克拉默对笔者说，竞争对德国企业是积极的，这能够激发活
力，但因此用"对手"来形容中国，这样的用词是"很不幸
的"，"这不是有外交风度的表达方式"。

德国工业联合会（BDI）2019 年初在其涉华原则文件中
把中国定义为"制度竞争者"，呼吁德国和欧盟政界要采取
强硬的对华政策。人们已经注意到，"制度对手"的表述被
欧盟写进了最近发布的对华政策文件里，由此也足见德国
对欧盟意见和政策形成过程的影响力很大。当然，也可以
理解为德国对塑造中欧关系负有突出责任。对此，一位德
国工商大会（DIHK）的高管也曾提醒道，"切记中国是我们
重要的贸易伙伴，（评价时）每个字都要仔细斟酌"。

欧洲政府层面在观点上介乎知识界和经济界之间，受

两方牵引、影响,给出的信号将信将疑、或明或暗,在行动上则高度重视中欧双边关系。这从双方领导层交流的密集程度上可见一斑。柏林外交界人士还注意到,中国新任驻德大使2019年3月下旬刚抵德,德国政府就安排了他向总统递交国书的仪式,"单独安排一国大使递交国书,这很少见"(通常是多位大使同批等候总统接见,递交国书)。当今世界纷繁复杂,需要中德、中欧密切协调沟通,快速为大使履职创造条件,也表明了德国政界对中德关系的重视程度。

德国媒体近日还注意到,德国联邦财政部发布了专题报告,称赞亚投行两年来的运营成就。这说明中国和欧盟在制度规则和实践行动上可以共同为全球治理和发展做出贡献,可以开展中欧双赢、全球共享的合作,传统的零和博弈思维需要改变。当然,尽管欧盟及德法政府高官都认为对华关系重要,也都重视发展好这一关系,但也时有抵制和抗衡中国的呼声,认为在和中国交往时"不能太幼稚""太盲信"。一位法国智库人士对笔者解释,原因是多方面的,其中之一是欧洲还不能清晰地评价快速发展的中国对欧洲的影响,"对看不清楚的事,人们容易产生恐惧,尤其是中国的制度与西方不同"。

当前,法德两国正在推动欧盟协调各国,希望尽快形成统一的对华政策,有理由相信,这样的政策不是为了对付中国,尽管有些力量这样期待。欧盟一些领导人近来一再强调宏观规划的重要意义,如何着眼全球和欧洲未来与大局、塑造好中欧关系,这是对欧盟的考验,也是对法德两国"领导欧盟能力"的考验,尤其是不要把欧盟各国的共同利益过多定义为法德两国或两国各自的利益,那样的话,欧盟在对华政策上的分裂就在所难免。

此外,还应看到中欧之间的话语赤字和信息供给不足问题,已经不是通过解释或说明个案事件、现象就能解决的,也不是一般的外交交涉、媒体澄清或学术交锋能够解决的,需要双方对此加以系统梳理,这需要持久的耐心和细心,社会共识的形成需要广泛的社会参与,特别是青年人的参与。

要重视和加强人文社科领域的交流,尤其是学者和智库层面上的交流,它关乎理念认知,对中欧社会相互理解至关重要。要区分外交与一般性对外交往,外交是政治的、显性的、机构之间的,一般性交往是人文的、故事性的、人与人之间的。如果在对外交往实践中混淆了二者关系,让外交硬讲故事,但不得要领,一般交往则突出政治,但生搬硬套,二者效果就会难现。

快速的发展给中国带来了福祉和信心,中国自信的举止也塑造着中欧关系,当欧洲各阶层感受到中国的发展不是威胁,而是切实的"共赢"时,中欧之间分享的就不仅仅是经济贸易合作带来的利益,还分享着自信。共享的自信,是构建人类命运共同体的基础。

4. 中欧关系的三个"史无前例"①

近年中欧关系整体上可以用三个"史无前例"来形容——关系密切程度"史无前例",摩擦面之广"史无前例",彼此合作潜力之大同样"史无前例"。

中欧关系密切程度史无前例

在经贸领域,2018 年中欧贸易额达 6822 亿美元,同比增长 10.6%。欧盟已连续 15 年成为中国第一大贸易伙伴,中国多年来也持续是欧盟第二大贸易伙伴。2019 年,中欧完成地理标志协定谈判,进一步强化了贸易关系。在人员往来方面,民间交往日益密切,人员交流频繁,双向人员往来每年接近 800 万人次,每周有 600 多个航班往返于中欧之间。在政治领域,自 1998 年以来,中欧领导人会晤已举行 20 多次,双方各类经贸、科技、法律、人文对话机制数量众多,成果丰硕。目前,中欧在加强全球治理、坚持多边主义、维护自由贸易等问题上有着广泛共识,对中欧关系的发展也有共同期待。

"一带一路"倡议提出以来,中欧贸易往来逐年增加,中欧班列逐步发展壮大,联通中国 62 个城市和欧洲 15 个国家的 51 个城市,铺行线路达到 68 条,给沿线国家和地区经济发展与民生福祉做出了巨大贡献。按照这些基本面,中欧

---

① 本节内容曾刊载在《世界知识》2020 年第 2 期,总第 1765 期,此处略做修订。

应该是真正意义上的战略合作伙伴。

中欧关系摩擦面之广史无前例

随着中欧合作的深度和广度进一步加强,双方摩擦也有所增多。"中国威胁论"在欧洲呈现上升态势,欧方也不再把中国看成是单纯的合作伙伴,而是视为"系统性竞争对手"。

欧洲错误地将源于中国、属于世界的"一带一路"视为中国的"地缘政治行为",担心"一带一路"倡议削弱欧洲在相关国家的影响力,影响他们的利益,甚至认为中东欧主权国家自愿加入的中国—中东欧国家(17+1)合作机制是中国"试图分裂欧洲的行为"。欧洲没有看到中国帮助中东欧国家的发展实际上有利于欧洲的均衡发展和一体化进程推进。

从根源上看,欧洲还是习惯用西方的思维方式来揣摩中国,误认为中国有"国强必霸"的野心。从制度到实践,欧洲开始意识到,欧洲在资源调动和治理效能等方面比中国有所逊色,我所接触的欧洲政治人物内心多少也有些羡慕中国制度的优势。随着人工智能以及 5G 时代的到来,欧洲还担心中国在相关科技前沿领域全面超越欧洲,多年来过度依赖美国的欧洲在软硬件方面的能力建设均较为滞后,传统工业优势不再突出,加上全球经济不确定因素增多,欧洲人对自身经济发展的前景不太乐观。难民融入问题频现、民粹主义盛行,让保守的欧洲更加斤斤计较,自信不足。如当前德国媒体和智库就有许多对中国进行妖魔化的报道和评论。反华的声音也已从德国媒体蔓延到政界、学术界。个别政客甚至将涉华议题当作德国国内政治斗争的工具。类似这种非理性的氛围只会让人失去判断力,拖累中欧关系的健康发展。

实际上,欧洲应该看到,在与世界的广泛深入合作中,中国虽然取得了快速的发展,但依旧面临艰巨挑战。由于基础薄弱,人口众多,减贫脱贫发展任务艰巨,中国人均国内生产总值只有欧洲的1/4,发展不平衡、不充分问题突出,经济、科技水平仍然无法和欧洲媲美。中国的领导人和社会无时不在秉持问题意识和忧患意识,思考如何克服所面临的挑战,中国国家主席习近平就要求执政党不断"自我革命",而不仅仅是表面的自我批评。这就说明中国还有很多自己的事要做,中国既没有称霸世界的野心,也没有称霸世界的实力,更没有排他主义的动机。中国的发展需要欧洲,需要一个强大、稳定的欧洲。反过来,欧洲也需要一个可持续发展的中国。

中欧关系彼此合作潜力之大史无前例

中欧之间从未像今天这样如此紧密地相互关联、相互依存。在美国推行单边主义、保护主义的大背景下,中欧合作发展潜力之大史无前例。

在全球治理的制度合作方面，在世界秩序摇摇欲坠的时刻，中欧双方都特别强调对多边主义的坚守和对自由贸易体系的维护；在生态环保、气候变化方面，中欧双方都进行了实实在在的投入，没有中欧合作，《巴黎协定》早就寿终正寝；在科技发展领域，中欧都反对技术霸凌，反对技术垄断，中国在人工智能和 5G 领域处于领先地位，而以德国为首的欧洲国家在工业化、智能化生产领域依然处于全球领先地位，中欧之间完全可以实现科技互补、资源共享；在经济领域，双方合作起点高，合作空间大，尤其是随着中国开放的大门越开越大，中国市场巨大的潜力也将进一步惠及欧洲；中国和欧洲都具有悠久的文明历史，中欧文化源远流长、博大精深，文化的中国和文化的欧洲相互尊重和欣赏。

中欧应该携起手来，以更大的格局和更长远的眼光，加强战略互信，应对共同挑战。中国的发展离不开稳定繁荣的欧洲，离不开与欧洲的密切交流与合作，欧洲的发展也离不开中国的贡献。中欧既相互依存，又相互制约，因此都应该成为人类命运共同体中负责任的成员。目前，中国还存在一定的"欧洲知识赤字"，要加强对欧了解，懂得如何与欧洲交往。同样欧洲也存在一定的"中国知识赤字"，欧洲需要超越民族狭隘，需要更多理智的对华声音，需要更多真正了解中国的专业人士，更需要开放包容的心态。愚昧的反华，只会像回旋镖一样击中自己。为了人类共同的和平和福祉,世界需要中欧加深理解和信任,共同维护和践行多边主义,还世界一个可期的美好愿景。

<h2 style="text-align:center">5. 中欧关系的全球意义①</h2>

2020 年上半年,欧盟在对华关系上连连发声,特别是曾任西班牙外相、欧洲议会议长的现任欧盟外交及安全政策高级代表何塞普·博雷利(Josep Borrell)5 月在欧洲几家报纸发表文章称,中国试图利用欧盟 27 个成员国的不同观点为自己的目的服务,对欧盟"分而治之",谋求中国版本的"多边主义"。他敦促欧盟在中国利用欧盟成员国外交分歧谋利之际,保持必要的统一立场。此外,欧盟在世卫大会上提出展开新冠疫情溯源独立调查的动议,并已得到美国、英国、澳大利亚的支持。这些都受到了广泛关注。

先看所谓的"分而治之"。对域外大国对欧盟分而治之的担心就像梦魇一样始终缠绕着欧盟。正如博雷利说的那样,"和超级大国打交道对欧盟从来不是件容易的事"。的确,欧盟对俄罗斯和美国的防范从未放松过。美国毫不掩饰地划分"新""老"欧洲,就是摆明了要保持欧洲不出现一个"共同的电话号码"的局面。一位研究欧盟的美国专家曾对笔者说,美国只希望欧盟团结到足够与美国一起行动,但

---

① 本节内容部分曾刊载在 2020 年 5 月 19 日《环球时报》,原题目是《欧洲对华判断不能靠"敌情报告"》,此处略做修订。

绝不能一起反对美国，美国尤其要阻止德国在欧洲的强大和德法的团结。德法两国对华盛顿的各种分化动作并不陌生。欧盟确实是被"分裂"怕了，对近年来自中国不断增加的存在感到不适，这应该是自然反应，但欧盟更应看到，并不是每一种来自域外的存在都对欧洲一体化构成威胁。17、18世纪，来自中国的物品曾催生欧洲宫廷生活的"中国风"，成为欧洲文化的精华，而始于20世纪80年代改革开放的中国商品使欧洲大众的生活更加丰富多彩。中国的崛起是文明的崛起，身后没有威武的炮舰。欧洲要看到与自己发展路径不同的"另类模式"，一种没有战争也能发展的模式。欧盟对"17+1"耿耿于怀，将此误读为中国企图分裂欧洲，并多方责难。其实，欧盟应积极介入，与各方协调主动跟进。一个常识是，一体、富强的欧洲会有更多更好的商机，这符合中国和平发展的利益，而一个分裂、羸弱的欧洲只会给各国带来危机和灾难。

再说多边主义。博雷利先生认为，中国和欧盟都主张多边主义，但双方有不同的理解，中国推行的是"有选择的多边主义"，是"中国优先"的多边主义，欧盟要注意"文字背后的"东西。但他没有进一步说明欧盟所主张的多边主义的内涵是什么，更多地强调了与中国在人权和网络安全等方面的分歧，同时也对美国的表现不以为然。德国外交部长马斯曾提出过基于意识形态分野的"价值多边主义"，希望德国能够就此发挥引领作用,因为欧洲不能再指望由美国领导去应对包括中国在内的"新挑战"。看得出,对美国的失望和对中国的焦虑以及对俄罗斯的不安使承载着27个成员国的欧盟陷入自我定位的困境。按逻辑说,多边主义的定位本质上应该是相互的,而希望自己画几条线,以此为据界定别人的空间,这是唯我独尊的霸道和任性,欧盟不应有这样的定位,不应让自己始终处于失望、焦虑和不安的境地。不管是从哪种视角观察,欧洲都可以看到中国的发展使几千万人脱离贫困,过上了有尊严的生活;看到中国民众万众一心在短时间内遏制住疫情的传播并有效地恢复生产,源源不断往欧洲提供急需的防疫物资,为自己和世界的经济持续发展全力以赴;看到中国企业和民众在捐赠物资、帮助海外抗疫过程中所表现出的空前的国际人性关怀。要知道,他们很多人还不得不忍受一些受赠国媒体对他们所赠物资质量的污名。看到这些,欧盟的一些政治人士和媒体还能说,中国在搞"口罩外交",借帮助欧洲抗疫之名扩大自己的地缘政治利益吗?"价值多边主义"不应该首先是人类基于共同命运的人性和人道的多边主义吗?

还有"独立调查"新冠病毒的问题。疫情当前,美国似乎只在坚定地做两件事:坚决不顾危及民众性命的疫情肆虐蔓延,坚持不断地制造和推销污名中国的"追责索赔论",一些政客的言论歇斯底里,让人联想到中世纪欧洲黑死病时期疯狂嫁祸犹太人的野蛮。那曾是借着宗教的圣名犯下的非人性的历史罪恶。疫情越严重，特朗普政府就越是纠缠推责论，不断向欧盟施压，以期共同对付中国。也的确有些欧洲人跟着美国走，但从中世纪走出来的欧洲清楚那段荒诞而残酷的历史，主流力量还是看得清美国的嫁祸用心的。在美国向世卫组织发难和断供的时刻，欧洲坚定不移地表达了对这个组织的支持，并谴责美国的行为，理智依然在塑造着中欧关系。人们也注意到，欧盟在推动国际社会对此次疫情开展独立调查，有分析认为这可能是欧盟屈服于美国的压力，做出个姿态，但更有理由将此举理解为探究问题的驱动。但无论如何，对这次危害空前的全球疫情进行全面调查，以使各国更及时有效地应对未来还会不断发生的大规模流行病，是符合全人类利益的。对这样的调查，相信任何负责任的国家都会支持和参与的，这也有可能是澄清各类阴谋论的时机，或是让阴谋论制造者把他们的作品摊开来的平台。相信经历过 2003 伊拉克战争之前联合国听证会的国际社会这次能够明辨是非，这当然包括欧洲。

建议欧盟的领导们对中国多一些了解，而不是仅仅听阅有关来自中国威胁或可能威胁的"敌情报告"，尤其是当这些报告转自华盛顿时，这届美国政府在推销他人"坏消息"和挖墙拆台方面登峰造极的表现，欧盟也一再领教过了。也建议欧盟智库学者们对中国和中欧关系多一些全面了解,不要沉迷于"坏""较坏"和"最坏"的场景推演之中,一惊一乍地吓唬政治家和民众。偌大个中国怎是读几张报纸、采访几个人物,就能真正了解、成为专家的!这几天,一位很不满欧洲批评美国中东政策的智库人士称,欧洲人最擅长的事就是抱怨,除此之外干不了别的。这当然不是欧洲给出的全部印象。建议中欧之间多一些扎实、系统的思想和信息交流,相互知识的欠缺已经滞后于双方经济和社会互动的需求,也难以为政治的前瞻提供建设性的选项。在人类陷入空前危机之时,中欧有更密切、深入和全面地合作的历史责任,不仅仅为双方自身的利益,也为人类的持久生存与福祉。在特朗普引领美国大步退出全球多边合作之时,中欧肩负着更大的责任去高高举起可持续的和人道的多边主义大旗,并付诸行动,给和平的理想一个历史的机会。

二、中德关系

1. 德国前总理施密特的思想遗产①

2015 年 11 月 10 日，德国前总理施密特去世。世界政坛失去了一位智者，中国也失去了一位不同凡响的朋友。德国人对他的崇敬史无前例，在吸烟受到广泛谴责和惩处的法度中甚至宽容他口不离烟，原谅他口无遮拦地评说时事。每有重大事件发生，每当国家和社会面临着困惑，德国的目光便朝向他居住的汉堡，寻求他的智慧和启迪，而他的目光则始终没有离开中国。

施密特身边的好友说，中国是最让晚年的他牵肠挂肚的话题。他希冀在那里寻找到人类文明演变和发展的道理：为什么古老的文明一一衰败，而中华文明延续数千年，生生不息，近几十年来又焕发出勃勃生机，展现出一场"前所未有的实验"？他不厌其烦、不分场合地告诫着试图改变中国发展道路的那些"西方人"不要"看错了中国"，要对古老的中华和现今的"实验"保持应有的尊重，"西方"没有资格对中国走自己的道路横加指责。在干涉主义横行的时

---

① 本节内容曾刊载在 2015 年 11 月 12 日《环球时报》，此处略做修订。

刻,他坚守不干涉内政的原则,痛批把"民主"和"自由"当作政治干涉工具的做法。他对中国积极的评价,可能是习惯于对他国问题指手画脚的人最不喜欢听的话语,甚至在德国一些媒体中他被贴上了亲华"老顽固"的标签。

在中国,施密特赢得了朋友和尊重。然而,他对中国的友好不是政治家在利益面前的权宜表现,也不是出于个人的某种偏好和企图而标新立异。作为一位国家领导人和政治领袖,他有充分的理由为着国家的利益去权衡和算计,并做出合乎时宜的表态。

当今世界任何国家都会看重与经济大国保持密切的关系,并在发展经济关系中尽可能地为本国获取更多的利益,或是倚重中国的国际政治地位提升本国在国际舞台上行走的分量。那些被尊奉为国际政治思想家的人们也有着同样的考量。施密特却独特地定义着对中国的关注与兴趣。用他自己的话就是,他关注中国是出于上帝赋予的"好奇",一语道出其中的信念。施密特几十年不变,坚定地看好中国的发展,与中国朝野各界保持密切的交流,不是权宜和算计,是出于他对中华文明和中国几十年来发展的深刻洞察,是追问人类文明终极问题的驱使,也是对西方文明走向强权政治演变后对非西方文明傲慢与干涉的厌恶。

老人仙去,东西方文明的交流失去了一位执着的智者,德国的"中国关注"可能失去了不少"厚度"。人们以不同的方式缅怀这位长者,在中德文明关系领域,施密特留下了独特的思想遗产,后人不应该很快地忘却。

2. 基民盟主席卡伦鲍尔的"中国缘"①

2018年12月7日,在德国汉堡召开的德国基督教民主联盟(基民盟)全国代表大会上,德国基民盟秘书长安妮格雷特·克兰普-卡伦鲍尔(Annegret Kramp-Karrenbauer)在第二轮党主席投票中以517票的成绩战胜了获得482票的默茨,正式登上了德国政治舞台的中央,同时也一跃成为未来德国总理一职最有竞争力的候选人。

56岁的卡伦鲍尔是3个孩子的妈妈,工程师出身的丈夫现在全职照顾家庭。她从自己的故乡、德国西部城市弗尔克林根开启政治生涯,30余年来历经萨尔州州长、基民盟秘书长等多个职位的打磨。

当基民盟党代会主持人宣布卡伦鲍尔胜选之后,她上台拥抱了德国总理默克尔,这简单的拥抱或许也标志着德国政治即将迎来交替和变革。而就在此轮基民盟党主席竞选开启之前,卡伦鲍尔较为低调的行事方式让她一直以来都没有成为媒体重点关注的焦点。卡伦鲍尔究竟是一个怎样的政治家?

---

① 本节内容曾刊载在2018年12月8日澎湃新闻,原题目为《中国原驻德外交官谈默克尔接班人卡伦鲍尔的"中国缘"》,澎湃新闻就卡伦鲍尔当选德国基民盟主席一事对作者进行了专访;此处略做修订。

非常有统合力,是与中国颇有渊源的政治家

首先,卡伦鲍尔是非常有统合力的政治家,她在多个政府部门里担任部长,也做了 7 年左右的州长,带领基民盟赢得过萨尔州的大选。对于整个政治和政府层面的谋略和运作,她都有非常丰富的经验。

其次,她在欧洲层面也有非常好的人脉关系和政治基础,她来自于德国的萨尔州,萨尔州地处德法边界,历史上与法国关联密切,对两边的社会现状与互动都非常熟悉,这为她未来在处理德法关系问题奠定了扎实的实践和社会基础。

最后,她在本党内的基础也较扎实,是基民盟主席团成员、总书记,与党内各派保持着良好关系。她善于和各方沟通,这弥补了默克尔在执政方法上的不足。这很重要,在处理难民问题上,默克尔原则上不是没有道理,但她没能就此与国内社会和欧盟成员国有效沟通,获得广泛理解,造成了一定程度上的矛盾和混乱。而沟通恰恰是卡伦鲍尔的强项。

综合来看,此次德国基民盟大会选择卡伦鲍尔来做党主席和默克尔的继承人,实际上是选择了稳定。这一点非常重要。因为当前欧洲和世界的整个局势比较动荡,人心思变,为变而变,社会不稳,欧洲多个国家政局现在处于困境中。在这个时候,这次基民盟选举不是一般的选举,而是

德国执政党在一个世界局势相当动荡的时期选择了稳定，选择了政治的延续性，这是非常重要的。

自从默克尔宣布不再担任党主席之后，谁来接任成了热门话题，基民盟内部有一种说法是谁和默克尔切割得越清晰，拉开距离越远，谁机会就越多。在这种时刻，卡伦鲍尔说："为什么我一定要逼着自己和默克尔保持距离，这有什么意义呢？"这表明了在一个很不确定的关系层面上或者动摇的时刻，克兰普-卡伦鲍尔是一位有定力的角色。

2008 年 5 月汶川大地震之后，中国驻德国大使馆举行了悼念活动，当时卡伦鲍尔前来大使馆吊唁，是德国政府层面的最高代表。她当时是德国各州教育文化部长联席会轮值主席、萨尔州教育部长。当时给我的印象非常深。她把和中国的关系放在处理对外关系很重要的位置上，表达了重视和友善。

卡伦鲍尔的家乡和中国颇有渊源。她出生的弗尔克林根小镇是个老矿区。1901 年，清王朝的醇亲王载沣来这个地方考察过当地的矿产技术。卡伦鲍尔所在的萨尔州历史上矿业非常发达。醇亲王来考察是当地十分轰动的事件，故事至今还在当地流传。有些旅馆的房间都是用"醇亲王"来命名的。她所生长的地方、生活的地方、工作的地方都和中国有非常密切的历史渊源，这给她处理对华关系提供了相当丰富的感性积累。多少年来她一直在促进中德科技、教育、经济领域的合作,在这方面做了相当多的工作。

被称为"小默克尔",但她和默克尔又有很大不同

卡伦鲍尔和默克尔是一种互补,她和默克尔的执政策略不一样。比如在对待难民的问题上,为了确定青少年难民的年龄,当德国联邦政府还在讨论是不是要测骨龄时,她已经付诸行动了;一旦发现有犯罪行为的难民,马上驱逐出境。

尽管她和默克尔是至交,但二人又很不同:她做过州长,有地方执政经验,这是默克尔缺乏的。她来自德国西部,没有默克尔在东部成长过程中所形成的那种强烈的意识形态背景。此外,默克尔是新教徒,而她是天主教徒。默克尔没有孩子,而她有 3 个孩子。专业上,她修法律和政治学,默克尔专长物理。整体看,卡伦鲍尔是一个有政治抱负的人,要改变一些事情,塑造一些事情,为此可以听从默克尔的召唤,放弃州长的优越地位而前往柏林,专门处理党务,要振兴党的力量。

当然,克兰普-卡伦鲍尔也面临很大的挑战,这次她以微弱优势的票数当选,意味着她在党内支持率不是很高。她被称为"小默克尔",反对默克尔的人自然也排斥她。首先,党内怎样进一步统合是她要面对的巨大挑战,她要全力以赴地避免党内分裂,已经有人威胁说她当党主席就退党。

接下来的州选和欧洲议会选举对她都是实在的具体考验，要尽快拿出漂亮的答卷。

其次，她的另一位竞选对手默茨（Friedrich Merz）是一位经济专家，大家对经济方面的改善，尤其是中下层民众对生活现状生活水平的改善，有非常高的期待。而她的长处是在社会政策、社会融合、社会统合方面，因此在抓经济方面她也面临很大的挑战。萨尔州很长时间是德国经济比较落后的州，经济上乏善可陈。

最后，从宏观上来说，德国社会面临巨大的挑战。默克尔解决问题的做法是静观其变，顺势而为，她学物理出身，偏好有什么事就办什么事，注重做法。现在的德国面临的是深层次的社会结构问题，社会关系问题，公平、凝聚力的问题，需要一个战略家。卡伦鲍尔自上任党的总书记以来广泛调研，针对德国面临的重大问题推动制定党的政策文件，受到基层的欢迎。

她把握复杂局面的能力应该很强，如果能够表现出战略谋划能力，那么她此时当选党主席对德国应该是一个好消息。执政党主席对一个政府的影响是极大的，因此，对德国也是个好消息。作为执政党新任主席，克兰普-卡伦鲍尔在政府中的地位会越来越重要。

独特的人生履历如何影响她的欧盟与对华政策

简单地说，欧盟和德国谁也离不开谁：没有德国，欧盟就空了;没有欧盟,德国就矮了。对德国人来讲,欧盟是至关重要的,这个大平台是德国必须抓住的,而且是要做强的,做强欧洲就要帮助法国强起来。卡伦鲍尔应该大力加强和法国的关系。前面说过,在萨尔州成长、生活和从政的经历带给了卡伦鲍尔非常丰富的经验,这增强了她在处理德法关系上的社会基础。她是二战后伴随德法和解、欧洲融合成长的一代政治家,对欧盟有感情认同。

卡伦鲍尔可能会继续延续默克尔的对华政策,变化不会非常大,但是有一点不同的是,可能在意识形态方面的表现会弱一些。

从宏观层面来讲,中国的发展需要一个稳定的国际大环境,这是非常重要的,欧洲在我们对国际大环境的需求结构中又承担了一个非常重要的角色,德国是欧洲非常重要的一个国家,德国的政局稳定、经济繁荣对中国而言具有政治意义、宏观的战略意义和切实的经济利益。期待她给中德关系带来更多的稳定因素。可以预期的是,她个人的工作和生活经验,有很多与中国关联的因素,这使她在理解、看待中德关系的时候会更加全面,更少意识形态的视角,这也是一个积极的因素。当然,她的当务之急是稳定、统合和凝聚党内力量,这需要她投入大量的精力。

3. 第三方干扰下的中德经贸关系①

据德国媒体报道,福建宏芯基金对德国半导体工业设备生产商爱思强(Aixtron)的收购,因"美国情报部门出面干涉"而受阻;德国联邦经济部已撤回此前发出的收购许可,重新启动审核。这给我们的第一印象是似乎一桩中德间的正常商业收购被美国叫了暂停。

巧合的是,美国《华尔街在线》德文版同时发文对此叫好,声称中国已瞄准德国中小企业的核心技术,将通过占有这些技术在全球"不公平扩张",甚至暗示这是全球化时代的"黄祸"来袭,要求德国政府和默克尔本人强力维护德国经济利益,否则"德国制造"将为"中国所有",真可谓危言耸听。有报道称,德国联邦经济部正在拟订一份旨在限制外国企业收购德国企业的指导性文件,而一般认为,这主要是针对近年来中国的收购活动。

然而,德国经济界对此有不同的看法。德国工商大会主席向德国电视一台表示,推出限制性规定"不是正确途径",德国企业在华投资超过 600 亿欧元,而中国企业在德实际投资只有 20 亿至 30 亿欧元,远达不到平衡,德国企业在中国投资的收益远比中国企业在德国的要高。实际上,中国企业近年收购的多数德国企业在收购后运营良好。甚

---

① 本节内容曾刊载在 2016 年 10 月 28 日《环球时报》,原题目为《中德经贸关系不应受到政治干扰》,此处略做修订。

至连对中国收购欧洲企业持消极态度的欧洲在华商会负责人也承认,并购的实际效果令人满意,并未出现一些政客或部分媒体担忧的所谓"核心技术丢失"或其他政治阴谋。不仅如此,德国工会方面对收购后的工人现状表示满意。还有不少德国人认为:爱思强股价从最高30多欧元跌到5欧元以下,若政府认为其核心技术对德国经济至关重要,为何不出手相救,反而阻止中国企业高价收购,把该企业做强呢?从以上情况看,抵制来自中国的收购活动有明显的非商业色彩,甚至是意识形态作祟,与经济业务本身关系不大。

近年来,中国企业在德并购业务增加迅速,当地社会和企业员工对此有一个加深认识的过程。文化差异引起的误解和担忧需要双方通过加强交流来克服。当一些媒体的渲染与美国"情报部门"的干涉相呼应时,很难不让人对其中的真正原因产生疑问:或许因为爱思强的竞争对手是美国企业,美国人阻止中国收购,意在使其走向破产,或弱到可以被美国企业以更低价格收购;又或者,大选在即,身为社会民主党主席、德国副总理兼联邦经济部长加布里尔面对该党在各地方选举中连连失利的局面,对"中企收购损害德国利益"的民间情绪自然不敢掉以轻心。加布里尔据悉即将再次访华,或许他能够带来更明确的解释。

中德互为主要贸易伙伴,经济高度相互依存,且都是外向型经济大国,都支持全球经济贸易自由化,本应是高度契合的经贸合作伙伴。若听任第三方从中作梗,未免显得荒诞,对此两国应保持高度的清醒。

4. 中德关系中的"杂音"①

在当前全球安全局势和贸易关系热点频发、摩擦不断,保护主义、民族主义和孤立主义交互风行的时刻,中德两国关系以其政治关系稳定、经济关系繁荣和人文交往密切独树一帜。中国在2016年成为德国最大的贸易伙伴,两国共同为全球经济的增长切实做出贡献。

良好的中德关系需要精心呵护,但德国的一些媒体及个别智库,如号称"欧洲的中国通"的墨卡托基金会(Mercator Foundation)中国研究院,近来不断为这一良好的关系楔入"不确定性",鼓动对立情绪,与中德关系大势背向而行。

首先,渲染中国是西方制度的对手。2017年2月,墨卡托基金会中国研究院就举行百人研讨会,声称中国媒体和高级官员借美国和欧洲危机之际,渲染西方制度的缺陷,煽动"反西方的民族主义"。这个研究院的学者们呼吁美国和欧洲要"拧成一股绳"捍卫共同的价值体系。其实到过中国或与中国打过交道的外国人都不会认为中国排外,他们在

---

① 本节内容曾刊载在2017年3月23日《环球时报》,原题目为《德国一些人在给中德关系"下绊子"》,此处略做修订。

中国看到了"更多的是对西方的称赞,而不是敌意的民族主义"。倒是欧美一些国家精英们要问一问自己,为什么越来越不受人喜欢。只要看看冷战后欧美几个国家输出制度的结果就应该很清楚,强行改变他国政权结构和生活方式,给世界带来了极大的动荡和人道灾难,曾经为人类文明做出杰出贡献的西方在那些国家成了"麻烦制造者"。就连一些欧洲学者也承认,西方在哪里搞民主化,哪里就要流血,人民就要逃难。

其次,宣称中国在经济上瓦解西方,有长远打垮欧洲和德国企业的计划。2017 年 3 月初,德国电视一台推出一篇题为《中国优先——损害欧洲利益》的文章,借助欧盟在华商会的一份报告声称中国让欧洲人来投资,就是为了在攫取他们的先进技术后把他们挤出去,以获得全球技术领先地位,还称中国政府刁难德国在华投资企业,限制德企在华投资行为等。墨卡托基金会中国研究院 2016 年底也曾发表咨文,表达了类似观点。若果真如此,如何解释多数德国企业在华投资保持增长和利润增长的事实呢?如何从总体上解释中德贸易额不断大幅增长,中国已是德国最大贸易国的事实?多位德国在华企业高管对笔者表示,他们在华业务尽管遇到一些政府产业结构调整带来的困难,但与其他国家相比仍然非常好。值得警惕的是,这种负面声音对德国政府的涉华经济政策产生了作用,中国企业几项收购活动已受到德国政府机构"出尔反尔"的非常规对待。

最后,无视德国社会中一些对中国的传统偏见和歧视的现象,典型事例是不久前网售印有"救一只狗,吃一个中国人"字句的 T 恤衫引起的"热炒"。这样明显的种族主义和种族歧视行为自然引起了民众的强烈不满,许多德国人也加入在德华人抗议的行列。诡异的是,对这样轰动的事件,德国主流媒体和智库们却集体保持沉默。这样的态度在现实中就是默认,侮辱了他人却轻描淡写,对种族歧视行为视而不见。事实上,德媒很在意别国把现在的德国和二战时期的德国相提并论。因此,德国媒体应该面对这些负面事件,予以澄清和纠正,这是媒体的社会责任,而不是热衷于炒作一些想象的故事。

5. 2018 年默克尔访华[①]

2018 年 5 月 24 日,德国总理默克尔开启她在任以来第 11 次访华之旅,据说,默克尔是多年来访华次数最多的西方大国领导人,足见她对中德关系的重视。从得知的消息看,默克尔此行有两点与以往不同,值得关注:一是访问期间没有安排签署巨额贸易协议的环节,二是她将到深圳市实地参观。

---

① 本节内容曾刊载在 2018 年 5 月 24 日上观新闻,原题目为《不签大单、走访深圳,默克尔访华新看点有何意味》,此处略做修订。

签署巨额贸易协议,通常被解读为双边关系有实质内容,是某些重要访问是否成功的标志,在经济关系十分密切的中德之间,这样的安排通常是高访的务实标配,格外受到舆论关注。此次不然,给人们的印象是,中德关系超越了一般商贸买卖的"务实"关系,战略"务虚"的内容已上升到突出位置。这样的议题应该很多,诸如如何维护自美国特朗普政府执政以来不断受到冲击的国际自由贸易秩序,保持世界经济平稳运行;如何有效解决美国"退约"后的伊核问题,维护国际关系中的基本准则不受重创;如何继续发挥国际多边机制,有效应对人类共同面临的气候变化等重大问题。战略议题的目录还很长,在美国"优先"退出现有国际秩序的时刻,中德两国更加关注事关全球的战略问题,寻求解决方案,体现了责任担当。

从战略角度认识这样的责任,需要克服机会主义的意图和权宜之计的做法,比如在美国强大的贸易保护主义压力面前就不能仅仅算计自己的得失,千方百计地把压力往别人身上引。前不久,包括德国在内的一些欧盟官方人士不仅这么做,而且试图劝说美国一起对付中国,欧美媒体对此已有很多报道。在伊朗核问题上,欧洲也有过类似算计,协议刚签就担心中国和伊朗会做更多生意,便想尽办法制衡,忙不迭地去抢地盘,把事关地区和欧洲安全大局的伊核问题仅仅看成是买卖利益,缺乏战略判断,直到美国要退出伊核协议时才醒悟过来,寻求与各方合作,力保伊核协议继续有效。

访问深圳是非常有意味的安排。那里是中国乃至全球高科技企业聚集的地方,迸发着生机勃勃的创新活力。而"高科技"已经成为德国近年来看待中德关系的敏感词,近乎谈之色变,媒体和智库充斥着类似限制中国的声音,甚至称要防范中国"盗窃技术",政府也在制订或酝酿措施限制中国企业进入。应该看到,经历了几十年改革开放,中国在科学技术方面已经取得巨大进步,造就了很多高科技企业,形成了扎根中国、融汇全球的高科技产业链,中国已经是高科技大国,是全球科技的重要贡献者。就汽车行业创新而言,一项德国的调研显示,中国汽车行业创新力已高居世界第二,仅次于德国,排在日美之前。同时,还应意识到,技术因开放和应用产生活力,没有市场的技术终究会被淘汰和消亡,曾经是高科技的铁路磁悬浮技术就因失去市场寿终正寝,是鲜活的教训。

当然,目前全球产业分工中,高科技还是主要集中在美国。"中兴事件"不仅给中国企业制造了严峻困难,敲响"芯"的警钟,也让德国企业感到恐惧。因为,如果美国对德国断货,德国政府新近大力推动的信息化、数字化计划将十分艰难,德国也离不开美国"芯"。有专家认为,长此以往,甚至连作为德国经济支柱的汽车工业也将成为美国数字技术的打工仔。人们还意识到,德国和欧洲最有影响力的互联网企业和平台几乎都掌控在美国手中。处于一个无"网"不在的时代,身在网络和数据重新定义生存和实力的世界格局中,德国的步伐显得慢了些,靠保护和限制显然不是出路,需要开放。如何开放,并让开放值得信任? 美国率先断"芯",让世界丧失了对至今为止全球产业分工格局的信任,中德双方能否在相互开放协作中建立起战略互信,这对企业家和政治家是艰巨的挑战,也是共同的责任。

默克尔身边有两种声音:一个声音说"中国是威胁",要加以防范;另一个声音说"中国是机会",要加强合作。到底听谁的? 世界局势如此复杂多变,中德关系如此丰富多彩,给出一个简单的回答是不可能的。百闻不如一见,默克尔总理已经是在任期间第 11 次访问中国,自有其判断中德关系的立场和答案,关键在于这一关系是否给两国都带来利益,增加两国人民的福祉,在全球越来越成为人类命运共同体的今天给世界带来稳定、繁荣与和平。

6. 2019 年默克尔访华①

2019 年 9 月 6 日,德国总理默克尔到访中国,这是她上任 14 年来第 12 次访华。在中美贸易摩擦持续、美欧贸易争

---

① 本节内容是笔者在 2019 年中德对话论坛上的讲话稿节选,曾刊载在 2019 年 9 月 6 日《环球时报》,原题目为《2019 年默克尔访华,中德关系如何更进一步》,此处略做修订。

端悬而未决、国际秩序遭受严峻挑战的背景下,默克尔此访备受国际社会关注。

中德关系近年来一直保持高水平发展。首先,两国在政治上互信。面对复杂多变的国际形势,两国在很多问题上看法相同或相近。双方领导人保持高频次的互访或其他场合会晤。中德政府磋商机制和两国间 70 多个官方合作对话机制,分别从顶层和具体层面推动两国各领域务实合作。

其次,中德经贸关系充满活力。尽管美国挑起的贸易争端给全球经济带来巨大破坏,但中国仍承诺并以实际行动进一步扩大开放。在此背景下,中德经济合作空前繁荣,合作深度不断加强,潜力仍然巨大。2018 年中德双边贸易额达到 1993 亿欧元,中国连续第三年成为德国最大贸易伙伴,德国也是中国在欧洲的最大贸易伙伴国。除了贸易和投资,两国还在制度和规则等层面开展经典合作,比如在亚投行制度建设和运营中的深度合作就受到国际社会高度评价。

最后,两国在社会关系上相互欣赏和尊敬。目前有 3.7 万名中国学生在德留学,上千名中国学者在德开展研究工作,双方高校达成 1300 多个合作协议。德国学习汉语的人数不断上升,中国是欧美以外德国学生最大的留学目的国。青年人的选择是基于对未来美好生活的憧憬,可视为中德社会关系的晴雨表。

当然,简单描述中德关系是一个巨大挑战。这一关系越是丰富多彩,就越具复杂性。2019 年 3 月我拜访德国外交部负责亚洲事务的官员,对方提到中德关系的丰富和复杂性时说,中德关系对德国已经不是单纯的外交了,也是影响内政的热点。事实上,外交不仅在内政化,也在社会化,很多人通过互联网关注外交事件,发表各自观点。让政治人物头疼的是,民众的观点通常与他们大相径庭。

柏林社会科学研究中心和贝塔斯曼基金会前不久发布的调查结果表明,德国本届政府任期尚未过半,完成的工作却已过半,称得上是创历史纪录地好。但政府不俗的施政成绩并没得到民众广泛认同。另一民调机构阿伦斯巴赫研究所的同期民调结果令人惊讶:仅 1/10 的德国民众相信政府能兑现承诺。让执政者沮丧的是,阿伦斯巴赫研究所的民调结果传播更广,这也是多家德国报纸报道的情况。

如果判断本国事务都难以充分客观一致,那么判断另一遥远的国家会怎么样?德国民众对中德关系的感受,是否也因德媒较为负面的报道而蒙受影响?上海外国语大学德语系学生统计分析了 5 家德国媒体 8 月 18 日至 27 日的涉华报道,结果 1/3 左右报道是负面的,有的时间段甚至超过半数,正面报道寥寥无几。德国留学生们说他们早就习惯德媒的负面报道,因为正面新闻很难吸引人。这还不仅仅是负面报道的问题,一方面,我注意到德国总统施泰因迈尔已多次谴责公共语言的"粗鲁化";另一方面,近年来还兴起所谓的"后真相"现象,这实际上是对假消息和伪观点的一种美化表述。很多年前,我经历过一场媒体和文学批评大师赖希-拉尼茨基(Marcel Reich-Ranicki)的对话,其间突然有人问他对中国的看法。赖希-拉尼茨基先生回答说:"我不懂中国,没什么可说的。我不赞同现在的时髦,就是你不懂,但却总有观点。已经有太多人对自己不熟悉的事做出评价了。"

在与世界的广泛深入合作中,中国坚持自己的道路,取得快速发展,也为世界经济增长做出巨大贡献。这是人类历史上未曾有过的以和平方式实现的发展历程,历经艰险,而且依旧面临艰巨挑战。中国上下无时不在秉持问题意识和忧患意识,反思如何克服困难和来自内外部的挑战。中国在竭力完善自我,还有很多事要做。显然,中国没有德国和欧洲一些人担心的所谓称霸野心和排他主义的发展动机。

在中德两国政治话语中,有两个词近年来出现频率快速攀升。一个是德文的"Wertegemeinschaft",译成中文是"价值共同体";另一个是中文的"命运共同体",译成德文可以是"Schicksalsgemeinschaft"。搜索关联词可以发现,"价值共同体"高度关联的是"欧洲的""跨大西洋的""基督教的""自由政体的""北约"等,具有强烈的政治、区域、结盟、军事和宗教属性，以及明显的排他性。在学院派语义分析看来，这个"价值共同体"与"多边主义"的兼容度是个问题。形象地说，就是"你是你，我是我"，很难"我们"了。按此逻辑，世界持久分裂和纷争就合乎道理了，又怎能指望普遍的和平？

现实是，经济和技术早已把世界联为一体，气候挑战也让各国息息相关，世界客观上已经难分"你""我"，注定了"我们"共同的命运。200 多年前，哲学家康德曾梦想人类出现持久和平的盛况。如今，除了和平并为此做出包容与共同的努力，人类还有其他选择吗？排他的竞争和由此引起的误判、敌意，曾把人类卷入空前残酷的世界大战，以联合国为核心的国际秩序在战争废墟上诞生并不断完善，维护着世界的和平。现在，这个多边安全和发展体系正遭受严峻挑战，排他的竞争和与之相伴的误判、敌意像幽灵一样再现，这不得不令人担忧。

文明之间有所异同。英国历史学家汤因比（Arnold Toynbee）认为，中国文化有一种寻找共同的特点，即在不同之间寻找共同。这不同于寻找差异的文化，即在共同之间寻找差异，并把差异视为异类。从宗教、种族和强力政治的角度解释，刻意"寻异"是危险的，历史上的血腥事件足以证明这一点。

中德拥有各自独特的文化，两国的同和异构成丰富多元的文明景象，也为对话交流奠定基础、提供动力，在中国

文化中就是"和实生物,同则不继"。中文意义上的"和"是
"我"与"他"互动的结果,这与德国哲学家黑格尔的"自我"
与"他者"有相同之处。不同的是,中国古典哲学的"我"
"他"在"和"中互动共生,黑格尔哲学中的"自我"则在扬弃
"他者"过程中得到重新自我确立。

文明是多样的,它赋予我们相互交流的价值;文明又是
平等的,它奠定我们共生、互鉴的基础;不同文明应是相互
包容的,它给予我们交流的动力。以"我们"的视角推动中
德全方位战略伙伴关系深入发展,"让中德合作取得更多有
利于两国和两国人民、有利于世界和平与繁荣的成果",这
是双方共同的期待和责任。

7. 德国 5G 建设与中德经贸关系①

德国 5G 网络建设将不排除华为的消息引起德国社会
关注,德国经济界认为,这表明德国回归到符合自身利益的
正确轨道上,也是对经济界加强对华经贸关系的呼声和要
求的回应。但也有一些政界和传媒界人士继续在此事上渲
染"中国威胁论",呼吁德国社会"警惕"。

一部分德国人对中国怀有的这种警惕心理,笔者在多
年与德国一些人士的交流中也有所感受。德国在二战后以

---

① 本节内容曾刊载在 2019 年 10 月 18 日《环球时报》,原题目为《如何弥补中
德之间的话语赤字》,此处略做修订。

经济和科技立国,尤其在高科技领域长期拥有核心竞争力,非常珍视科技与经济发展为德国带来的贸易与市场机会。当面对来自中国产品的竞争,尤其是中国经济的科技支撑力度越来越大,商品中的科技含量越来越高,专利申请数越来越领先的时候,德国经济界自然会产生一些担忧。

但在与中国企业的密切合作当中,许多德国企业感受到这种担忧是不必要的,中德经贸存在诸多互补方面,与中国加强合作也能使德国获益良多。德国的大企业如戴姆勒、西门子、SAP(思爱普)都与中国企业保持了密切合作。

另一方面,德国一些媒体与政界人士,将经济界的一些担忧放大为政治化的描写,把中国视为价值观上的"异类",结果让来自经济与制度上的担忧同德国自身历史和文化的复杂心绪纠缠在一起。德国处于欧洲中部,历史上一直面对来自四面八方的地缘政治压力,从而始终对强大外部力量抱有一份敏感和警惕。冷战时期,作为东西方阵营对峙的前线,德国上空被随时可能发生的冲突和战争阴影笼罩。冷战结束后,德国仍处于两个曾经分属不同制度的区域融合和动荡的过程中,对不断变化的形势有恐惧心理,而中国的快速发展所产生的竞争压力使德国人内心深处的担忧找到了针对性。

这种担忧应该并且可以通过中德两国社会的持续性交流得以化解。中德经济界已经有很多双赢或者多赢的案例,要使这种案例转换为有效话语供给两国社会。在当前单边主义、孤立主义盛行的世界,中德尤其应共同努力积累起建设多边主义的信心。

中国的发展离不开世界,世界的发展离不开中国,中国期待自身发展能够给世界其他国家带来更多机会,这是中国和平发展的基本逻辑,这一逻辑需要通过交流来改变目前中国话语供给不足而德国理解片面的现实。中德虽然社会制度不同,但同样能够给两国人民提供丰富多彩的生活方式,聚焦于这个共同的出发点,就能够少一些对不同制度形式或者价值观分歧的纠结。

中国人在介绍自身发展成就时,也要考虑更多地融入德国乃至欧洲的变量,在视角与表达方式上更加多元。改革开放至今,中国经济多年保持快速稳定增长,创造了举世瞩目的奇迹。这其中有与德国这样的发达国家携手合作的成果。国际金融危机爆发以来,中国经济对世界经济增长的贡献率年均在30%以上。2018年中德贸易额达1993亿欧元,中国连续第三年成为德国最大贸易伙伴,约90万个就业岗位与中国的需求密切相关。中国的发展为包括德国在内的世界各国提供了活力。中德应从人类共同发展与共同利益的高度利用好这些事实与数据,弥补中德"话语赤字",尽可能消除偏见与误会。

8. 中德关系需要回归理性与务实①

5G 网络建设目前成为德国国内政坛最热的话题之一。这其中不仅因为牵涉到华为公司及中国因素,且还与德国内部复杂的政治力量竞争有关联。而这一系列发展变化,已经折射出当前德国政治氛围和大环境的一些变化。

由于日前德国社民党议员支持一项可能禁止华为进入德国 5G 市场的提案,而且他们强调此举的目标是在大联盟政府内就这个提案达成共识,所以德国政府 17 日已决定将与 5G 网络安全相关的准则订立延后到 2020 年。

此事背后有多重因素:一是德国政府关于 5G 网络建设的事情一直受到来自美国的关切,后者不惜以美德情报分享来要挟德国,让一些德国政治精英在此问题上发生立场动摇;二是有几位决心与德国总理默克尔对着干的议员,主力推动德国联邦议会出台限制华为参与德国 5G 建设的决议,他们的借口是"华为受中国政府控制";三是一些德国媒体极力渲染,有的索性直接称华为是中国政府的企业,因此会威胁德国国家安全。

一位柏林的资深学者苦涩地对笔者戏称,现在有关华为的问题,日益形成了默克尔新老对手们聚合的"阵地"。他们原则很简单,只要是默克尔不反对的,他们就反对,而

① 本节内容曾刊载在 2019 年 12 月 19 日《环球时报》,原题目为《德国政治精英莫丢了理性与务实》,此处略做修订。

华为和中国议题越来越变成德国国内政治斗争的工具。

这听上去有些道理,但似乎又并非这么简单。如今,德国一些议员围绕华为的动作以及在中国议题上的过度敏感,还是透露出这些政治精英的一些新动向:

首先,严重缺乏对中国和中国企业的了解,尽管德国近年来在大力推动"中国知识能力建设"(Chinakompetenz)。事实是,华为根本不是中国国有企业,其发展、运营完全不花国家一分钱,是以职工持股激发员工内在动力起家、发展壮大的一家民营企业。在过去30多年的发展中,一路靠创新、勤劳和客户至上的服务品质,成为全球领先的高科技企业。

德国一些议员政客,硬是把这样的企业贴上"中国国企"的标签,从而为无端地限制华为制造出一个能让自己相信的理由来,这样做要么是出于无知,要么就是出于意识形态偏见。他们压根儿不关心华为在德国经营创造了多少就业机会,华为先进的技术能为德国5G发展带来多少进步。他们把华为拉入党争内斗的根本目的,是在于打垮政治对手,为自己获取一些政治资本。他们并不在乎牺牲华为的利益,牺牲德国民众的利益,牺牲德国长久以来奉行市场公平竞争原则的全球信誉。

其次,严重缺乏外交和技术自信,尽管近年来一直在高喊德国和欧洲要外交自强、技术自立。战后的西欧,特别是德国,是在美国全力扶持下重新从战争废墟中站立起来并一步一步走向复兴的,自然也就养成了对美国的全面依赖。这也在一些欧洲政客的骨子里,形成了符合美国利益的"美主欧仆"的大西洋关系,以及欧洲政治生态中根深蒂固的"大西洋派"。

在美国为维持全球技术霸权,一次又一次地打压以华为为代表的中国企业的过程中,德国"大西洋派"的政客们忘记了"欧洲要掌握自己命运"的誓言,而是屈从于美国威逼,正一步步加入反对华为的阵营中。他们全然看不到,越是维持美国霸权,欧洲就越不可能掌握自己的命运。有欧洲技术专家相信,那些政客歪曲华为技术、渲染中国"威胁",其实掉入了美国设置的"美欧共同对华遏制"陷阱里。在打压中国的同时,客观上也维持和延长着德国及欧洲对美国的长久依赖。

最后,严重缺乏政治理性和政治智慧,务实的传统被遗忘,尽管中德两国在经济、教育和文化等诸领域有着密切的关系。

一位多年从事中德交流的德国音乐教师曾苦恼地对笔者说,他每次到中国都能感受到这里丰富而充满活力的生活。可回到德国向自己的朋友们讲述今天中国的新变化时,他们不仅不愿意相信,还对他报以嘲笑。他说,中国的朋友们满脑子在想着如何做事,遇到困难想办法克服,遇到墙就翻越过去,但在德国如今遇到一堵墙可能就停滞不前了。他认为,媒体(包括社交媒体)就像捕鼠人的"魔笛"一般,引诱着一些人不由自主地跟着它们走,大脑也不再独立思考。可问题的关键是,德国的一些政治和社会精英也加入到跟随的行列,并在这个过程中寻找到对自己有利的政治砝码,政治正变得越来越机会主义。

德国有句谚语说,大风来了,有人筑高墙挡风,有人建风车借力。在越来越决定国家和社会生活的高科技面前,考虑自己国家的安全,是每个负责任的政府和政党都必须深思熟虑的,关键当然是"安全""好用"。迄今为止,没有任何确凿的证据能证明华为给德国安全带来问题。如果仅仅凭着想象认为一项技术有安全隐忧,就拒之门外,那等于是在自己前行的路上建起了一堵高墙。从过去几十年世界各国的发展经验来看,这不是一个有进取心的国家所应有的政治理性和智慧。

在今天世界经济一片黯淡、国际格局正发生深刻变化的时候,还是应该对理性保留些信心。中德关系触及领域和范围越是深入、广泛,摩擦面也会随之增大,这有其必然性。实际上,这样的摩擦一直以来不断出现,双方也已经锻炼出了解决摩擦的机制,积累了智慧。我们有理由对双方共同克服当前的困局保持信心,比如双方通过制度和契约的方式,确保技术和市场的相互开放与安全。

最重要的是,对中德而言,当前必须清醒地认识到,不能拿各自对待与美国的关系那样的方式对待中德彼此的关系。因为美国的目的是独霸世界和维持这种霸权,中国没有霸权野心;德国也没有像美国那样以"零和博弈"思维看待中国。过去几十年,中德是世界上发展较快的国家,秉持着务实与开放的态度,都主张多边主义的世界秩序。这些共同及共通之处,应是中德双方倍加珍视的。

附　录

Neuer Blickwinkel gefragt
—Die deutsche Außenpolitik braucht eine Philosophie

Ein Abstecher nach Shanghai gehört schon fast zum Pflicht-programm für Besuche deutscher Regierungsvertreter und Spitzenpolitiker in China. Die Stadt liefert mit ihren raschen Entwicklungen zahlreiche Gründe für Bewunderung und Überraschung: Sie sei doch viel moderner, als man es sich vorgestellt habe. Es biete sich ein anderes Bild als das von der deutschen heimischen Presse vermittelte.

Diese Überraschung der Besucher überrascht mich oft wie-derum: China gehört zu den größten Handelspartnern Deutsch-lands, ist daher von wesentlicher Bedeutung für den Wohlstand der Bürgerinnen und Bürger in Deutschland. Über so einen Partner müsste man doch sehr gut informiert sein, die Eliten allzumal. Tragen die Medien die Schuld an dieser Informations-bzw. Bildungslücke? Weil sie ein anderes Chinabild vermittelt

haben und China entsprechend als ein autoritäres System wahr-
genommen wurde? Man fragt sich: Warum entwickelt sich in
solch einem System so viel Dynamik? Wieso kann das Leben
hier so vielfältig gelebt werden?

Einmal erwähnte ein deutscher Spitzenpolitiker, der in der
DDR tätig war, in seiner Rede an einer Universität in Shanghai
die Volksrepublik China und die DDR in einem Atemzug und
deutete dabei an, wie man ein Land besser regieren sollte. Die
Anspielung ließ einen deutlichen Vergleich zwischen der DDR
und China erkennen. Die gastgebenden Zuhörer haben darauf
bewusst nicht reagiert. Sie waren der Meinung, der hochrangige
Gast aus Deutschland habe es wohl gut gemeint, sei nur nicht
gut beraten gewesen. Denn ein DDR-Vergleich ist weit von der
Wirklichkeit Chinas entfernt, man denke nur an freie Ausreise,
freie Unternehmen und freie individuelle Entfaltung, ganz zu
schweigen von der Vielfalt des Lebens hier, die so oft be-
wundert worden ist. Aber dem Gast solches Grundwissen zu ver-
mitteln oder darüber aufzuklären, gilt in China als unhöflich
und unanständig.

Die Außenpolitik eines Landes beruht auf realen Wahrneh-
mungen der Außenwelt und eigenen Interessenserwägungen. In
den genannten Beispielen trügt die Wahrnehmung der

Außenwelt in Deutschland jedoch und das bezieht sich nicht nur auf China.

Zwischen Berlin und Washington wurde in den letzten Jahren intensiv gereist. Man wollte die US-Regierung überzeugen, dass Deutschland und die USA derselben Wertegemeinschaft angehören, und hoffte, dass die USA Deutschland und andere Verbündeten weiter anführen, um gemeinsam gegen Gegner der transatlantischen Wertegemeinschaft zu kämpfen.

Aber die Zeit hat sich grundlegend geändert. Es fällt dem alten Kontinent schwer zu akzeptieren, dass die amerikanisch-deutschen Beziehungen viel komplizierter geworden sind und die allererste Priorität der USA unter der Trump-Administration jetzt „America first" ist. In der politischen Farbtabelle der USA gibt es nur zwei Farben, die eine ist amerikanisch und die andere nicht-amerikanisch. Deutschland gehört wie alle anderen Länder zum nicht-amerikanischen Farbteil, der nur in den Nuancen variiert.

Die zahlreichen Entscheidungen der Trump-Administration haben die Europäer und die Deutschen zu der Einsicht gezwungen, ihre Wahrnehmungen zu korrigieren. Stimmen werden laut, die Europäer müssten ihr Schicksal in die eigene Hand nehmen. Aber Europa ist ausgesprochen abhängig von den

USA, sowohl militärisch als auch geopolitisch und wirtschaftlich. Es fällt Europa daher schwer, auf eigenen Füβen zu stehen. Das zeigt sich schmerzhaft deutlich am Scheitern des Iran-Abkommens sowie in mancher Hinsicht in der Flüchtlingsfrage. Die Freiheit Europas stöβt in den USA an ihre Grenze. Befindet sich die europäische Schicksalsgöttin, die Fortuna von Europa, also noch in den USA? Herrin des eigenen Schicksals zu sein ist leicht gesagt, aber schwer getan.

Zurzeit dominiert auf der Agenda der Russlandpolitik Deutschlands fast nur ein einziges Wort: „Sanktion". Dabei ist Russland für Deutschland von grundlegender geopolitischer und strategischer Bedeutung. Es ist eine nüchterne Tatsache, dass Deutschland hinsichtlich seiner Energieversorgung sehr abhängig von Russland ist. Ein Sicherheitskonzept ohne stabile Beziehungen zu Russland ist unvorstellbar. Nach dem Kalten Krieg hat sich die Bundesregierung unter Helmut Kohl unbeirrt dafür eingesetzt, das damals noch sehr fragile Russland in die europäische und transatlantische Gemeinschaft zu integrieren.

Mit Gerhard Schröder und Wladimir Putin wurde eine Männerfreundschaft gepflegt, die deutsch-russischen Beziehungen waren gekennzeichnet von enger Zusammenarbeit auf vielen Ebenen einschlieβlich zivilgesellschaftlicher Initiativen. Dann aber kühlten die Beziehungen ab, insbesondere wegen der Krimkrise. Danach drehte sich die deutsche Debatte zur Russlandpolitik überwiegend um „Sanktion" oder „Nichtsanktion". Alternative Ideen gibt es längst nicht mehr, obwohl sie angesichts der Bedeutung Russlands dringend notwendig wären.

Deutschland und Frankreich gelten als Motor der Europäischen Union. Aber dieser Motor fährt stockend, zur Enttäuschung vieler. Eine deutsche Wissenschaftsmanagerin drückt ihre entmutigte Bewertung anschaulich aus: „Emmanuel Macron hat jeden Tag zehn neue Ideen, aber Deutschland reagiert nicht darauf. " Von Deutschland wird allgemein Führung in der europäischen Integration erwartet. Eine solche Führung muss vom Blick in die Zukunft geprägt sein statt von der Beschäftigung mit dem Status quo oder gar mit der Vergangenheit. Das Denken an die Zukunft erfordert neue Ideen zur Gestaltung, das Beharren auf dem Status quo dagegen stärkt nur das Treten auf der Stelle.

Die Frage, ob mit europäischer Integration ein deutsches Europa oder ein europäisches Deutschland anzustreben ist, bleibt zu beantworten. Professor Ludger Kühnhardt von der Universität Bonn schildert in seinem Buch: „Recently, a central European ambassador complained that he could no longer stand all the talk of Europe among the German classe politique.

He was starting to find it threatening when his German neigh-
bours in Berlin continued to insist that they were in favor of Eu-
rope and wanted more Europe—without any interest in hearing
what others in Europe thought about it, or how they hoped to
construct this shared Europe. " Deutschland sollte europäische
Ideen und Initiativen nach Brüssel liefern, nicht Konzepte, die
allein auf den eigenen Interessen beruhen. Eine große Heraus-
forderung, derer man sich aber in Berlin annehmen muss!

Eine europäische Perspektive schließt selbstverständlich
die globale Dimension ein. Diese zeichnet sich durch Vielfalt
aus. Das gilt auch für die chinesisch-deutschen Beziehungen.
Sie sind von Erfolgen und Errungenschaften geprägt, möglich
geworden durch einen engen Austausch in Politik, Wirtschaft,
Kultur, Bildung und Zivilgesellschaft. Aber je reichhaltiger und
multidimensionaler diese Beziehungen sind, desto komplizierter
und vielfältiger sind sie auch. Die Belastbarkeit des
Verhältnisses beider Länder muss noch ausgebaut werden, denn
in letzter Zeit holperte es ab und zu. Die chinesische
Öffentlichkeit hat das Gefühl, die deutschen Medien versuchten
ein verzerrtes Bild über ihr Land zu liefern, indem sie einseitig
negativ oder realitätsfern über China berichten. Man spricht von

einer „ China-Dämonisierung ". Konfrontiert mit negativen Berichten, fragen sich viele Chinesinnen und Chinesen: Warum schreiben die deutschen Medien so schlecht über uns, wohingegen wir Deutschland positiv betrachten? Ein großes Gefälle herrscht also zwischen den gegenseitigen Wahrnehmungen in der Bevölkerung beider Länder.

Mir wurde oft gesagt, eine China-Phobie gehe in Europa um. China strebe mit Wirtschaftsentwicklungen hegemoniale Macht an. Darüber hinaus: China sei ein Systemgegner Europas. Die neue Kommissionspräsidentin der EU, Frau von der Leyen, hat in ihrer Bewerbungsrede gesagt: „ Die Länder, die autoritärer werden, erkaufen sich globalen Einfluss, schaffen Abhängigkeiten durch Investitionen in Infrastruktur und agieren protektionistisch. Europa will am Multilateralismus festhalten und seinen eigenen Weg gehen. " Ihre Worte haben die normalen wirtschaftlichen Aktivitäten politisiert und ganz normalen Wirtschaftsbeziehungen eine Ängste schürende Bedeutung beigemessen. Natürlich muss Europa seinen eigenen Weg gehen. Aber das bedeutet nicht, dass dies der einzige mögliche Weg ist. Wie kann man sonst Multilateralismus noch glaubhaft propagieren? Die klassische Weisheit der Europäer lautet doch „ Alle Wege führen nach Rom. " Es gibt also immer mehrere

Wege. Aus Sicht der Chinesen versteht es sich von selbst, dass China seinen eigenen Weg geht, der sich zudem auch bewährt hat durch den steigenden Wohlstand der Bevölkerung.

Als Exportnationen verbindet China und Deutschland eine umfassende strategische Partnerschaft, die vom gegenseitigen politischen Vertrauen flankiert ist. Die vielen Besuche der Staatsoberhäupter und Regierungschefs beider Länder sind bezeichnend. Der chinesische Staatspräsident Xi Jinping war mehrmals in Europa zu Besuch und hat sich auf vielen internationalen Konferenzen mit Bundeskanzlerin Angela Merkel getroffen. Die Kanzlerin war bereits zwölfmal in China zu Besuch und auch die chinesischen Premierminister besuchten Deutschland regelmäβig. Seit 2011 finden Chinesisch-Deutsche Regierungskonsultationen statt, die zu zahlreichen konkreten Kooperationsabkommen führten und daher als Super-Motor der bilateralen Zusammenarbeit anzusehen sind. Im Rahmen der mehr als 70 Dialogmechanismen auf allen Ebenen können die chinesisch-deutschen Beziehungen wirklich tief wurzeln, blühen und Früchte tragen. Zwischen China und Deutschland hat sich längst eine Interessensgemeinschaft mit globaler Verantwortung ausgebildet, die sowohl zum Wohle beider Bevölkerungen als auch zur Stabilität des Weltfriedens und Wachstums beiträgt.

Der von den USA ausgelöste Handelskonflikt hat nicht nur der chinesischen und amerikanischen Wirtschaft geschadet, sondern auch die ganze globale Wirtschaft belastet und das Freihandelssystem fast umgekrempelt. Die Antwort Chinas darauf ist die weitere Öffnung seines Marktes. Viele deutsche Firmen in China, die ich in letzter Zeit besucht habe, bestätigen, dass der chinesische Markt immer noch profitabler sei als andere, auch wenn er komplexer geworden sei. 2018 stieg das Handelsvolumen zwischen China und Deutschland auf 1993 Milliarden Euro. Damit war China zum dritten Mal in Folge Deutschlands wichtigster Handelspartner. Und Deutschland ist der mit Abstand wichtigste Handelspartner Chinas in Europa.

Der von politischen Konfliktthemen befreite zivilgesellschaftliche Austausch floriert in gegenseitiger Bewunderung und Anziehungskraft. Zurzeit studieren 37000 chinesische Studierende, es forschen über tausend chinesische Wissenschaftlerinnen und Wissenschaftler in Deutschland. Mehr als 1300 Hochschulkooperationsabkommen wurden abgeschlossen. Für deutsche Studierende ist China außerhalb Europas und den USA der bevorzugte Ort für ein Auslandsstudium. Die Ortswahl der jungen Studierenden basiert auf ihrer Zukunftserwartung, kann also als ein Barometer für die bilaterale Beziehung betrachtet werden. Eine Studentin aus Bayern, die im Moment an meiner Universität Chinesisch und Internationale Beziehungen studiert, sagte mir: „wie man hier in China lebt und was man an der Uni studiert, ist schon anders als in Deutschland. Aber diese Andersartigkeit ist nicht gleich Fremdartigkeit und macht mir keine Angst, sondern sie bringt eher eine stärkere Anziehungskraft mit sich. Die rasche Entwicklung in Shanghai übertrifft meine Erwartungen. All dies hier ist faszinierend für mich. "

Die Welt ist im gravierenden Wandel begriffen. Unilateralismus und Protektionismus bringen die bisherige Weltordnung aus den Fugen. China und Deutschland sollten gemeinsam den Multilateralismus verfechten. Dafür ist gegenseitiges Vertrauen Voraussetzung, substantielle Kooperationen auf allen Ebenen und in allen Bereichen sind die notwendige Grundlage. Der wirtschaftlich-technologische Fortschritt Chinas fordert Deutschland heraus, der Wettbewerbsdruck steigt. Aber dieser Wettbewerb ist kein Grund zur Angst. Er ist vielmehr ein Motor, um die eigene Leistung anzutreiben. Eine unternehmerische Weisheit lautet: Konkurrenz belebt das Geschäft.

Beschleunigt durch die Trump-Administration tritt eine Renationalisierung bzw. Egoisierung der Außenpolitik massiv auf,

die nicht nur die nach dem Zweiten Weltkrieg mühsam konstitu-
ierte Weltordnung aus dem Gleichgewicht bringt, sondern auch
die Idee des Multilateralismus auf den Kopf stellt. Unsere Welt
ist seither fühlbar turbulenter und unsicherer geworden, mit der
Flüchtlingskrise seit 2015 sogar bedrohlicher für Europa. Diplo-
maten haben vielerorts Feuerwehr gespielt. So kann es mit der
Außenpolitik nicht weitergehen. Sie sollte sich eine Weile aus
dem Tagesgeschäft zurückziehen und sich Zeit nehmen für
grundsätzliche Gedanken, Ideen und zukunftsorientierte Kon-
zepte. Deutschland ist weltweit bekannt für seine Denker. Die
deutsche Außenpolitik braucht eine Philosophie. Ohne sie sind
eine Führungsrolle in der EU und die Übernahme von Verant-
wortung in der Welt nur schwer vorstellbar.

　　Die Idee der zivilen Macht war einmal eine europäische Er-
rungenschaft. Inzwischen ist sie fast in Vergessenheit geraten.
An ihre Stelle ist ein Trend zur Militarisierung der Außen- und
Sicherheitspolitik ins Zentrum der europäisch-deutschen Debatte
gerückt. Es ist jedoch das zivile, kulturelle und soziale Europa,
das in der Welt bei den Menschen Respekt und Ruhm genießt
und immer noch als Vorbild gilt, nicht das militärische Europa.
Die Philosophie deutscher Außenpolitik sollte der kant'schen
Friedensidee folgend einen unserer Zeit angepassten Raum

gewährleisten, gleich, ob dies realistisch klingt oder nicht.
Auch eine utopische Richtung könnte zum Ziel führen. Das hat
die Geschichte wiederholt bestätigt. Mit noch mehr Waffen und
Manöverstärken für mehr Sicherheit und Frieden zu sorgen,
dürfte ein Irrweg sein.

Die Menschenrechte sind zu einem allgemein anerkannten
Gut in der internationalen Politik geworden. Hilfe zu leisten,
um Menschenrechte zu schützen, ist tugendhaft. Den notlei-
denden Flüchtlingen Schutz zu gewähren oder unterentwickelten
Ländern auf die Beine zu helfen, verdient großen Respekt.
Menschenrechte im Ausland zu verfechten führt aber leicht zu
machtpolitischer Einmischung und ideologischer Bevormundung,
was vor allem in der ehemals kolonialisierten Welt Argwohn und
Ressentiment hervorruft. Ehrlichkeit und Glaubwürdigkeit in
der Außenpolitik stehen auch zur Debatte, wenn Eigennutz
unverzichtbar ist. Es wird immer schwieriger, den Schutz der
Menschenrechte in Einklang zu bringen mit den Rechten der
eigenen Bürgerinnen und Bürger, mit Sicherheit und Stabilität.
Die Flüchtlingskrise liefert dafür ein Beispiel.

Wie sich Deutschland in der neuen Weltkonstellation ori-
entieren soll, transatlantisch, europäisch und global, ist eine
bleibende Aufgabe für die Außenpolitik. Im Westen ist der

altbewährte Freund USA nicht mehr derselbe, im Osten hat sich
der traditionell gefürchtete Feind Sowjetunion in Russland ge-
wandelt, China wurde vom Handelspartner zum Wirtschaftspart-
ner und konkurrenten, vor der eigenen Tür muss die Abstim-
mung mit Frankreich in einer ganzen Reihe europäischer Fragen
erfolgen und in Richtung der mitteleuropäischen Länder ist der
historische Schatten aufzuhellen. Einfach ist das alles nicht.
Deutschland muss sich aber zurechtfinden in einer Zeit, in der
die multilaterale Weltordnung wackelt und die außenpolitische
Egomanie auf Hochtouren läuft. Die Nachkriegsordnung ent-
wickelt sich weiter, Deutschland sollte sie diesmal mitgestalten,
selbstbewusst und weltoffen mit zukunftsträchtigen Ideen.

（Quelle：Internationale Politik und Gesellschaft, https://www.
ipg－journal. de/rubriken/aussen－und－sicherheitspolitik/ar-
tikel/neuer－blickwinkel－gefragt－3836/, 29. 10. 2019）

A Chinese Perspective on
German Foreign Policy

Germany needs to find its way at a time when the multilateral world order is faltering and foreign policy egomania is rampant

For German government representatives and top politicians visiting China, a quick trip to Shanghai has almost become obligatory. The city's rapid development provides a wealth of reasons for admiration and astonishment. Germans are often surprised that it's much more modern than people generally assume and that it offers a very different picture from the one conveyed in the German press.

But their surprise in turn surprises me. China is one of Germany's main trading partners and thus crucially important for its citizens' prosperity. Surely, people should be well informed about such a partner, not least the elite. Are the media responsible for the lack of information and education? After all, they portray a different China, causing it to be perceived as an authoritarian system. But if that is the case, how has it generated so much dynamism? How come lifestyles there are so diverse? A leading German politician, who had been active in the German Democratic Republic (GDR), once delivered a speech at Shanghai University. He mentioned the People's Republic of China and the GDR in the same breath and suggested how a country could be governed better. The insinuation was that the two countries were comparable.

The host audience did not bat an eyelid. They felt that the distinguished guest from Germany had meant well, he had just been poorly briefed. Because a comparison with East Germany missed the point about China completely. What about the free travel abroad, free enterprise and free individual development? And that's without even mentioning the richness of life that is so often admired about China. Setting a visitor straight, however, is considered discourteous and improper in China.

The US-Germany relationship

A country's foreign policy is based on realistic perceptions of the outside world and consideration of its own interests. In the examples here, however, Germany's perception of the outside world seems clouded—not only in relation to China.

There has been a lot of to-ing and fro-ing between Berlin and Washington in recent years. The idea was to convince the US government that Germany and the US shared the same values in the hope that the latter would continue to lead Germany and other allies, standing shoulder to shoulder against the enemies of the transatlantic community of values.

But times have changed. It's hard for the old continent to accept that US-German relations are now much more complicated and the US top priority under Trump is "America first". The current American colour range has only two colours, "American" and "non-American". Germany belongs with every other country in the non-American section, which merely shows small nuances.

A whole host of decisions taken by the Trump administration have forced Europeans, and Germans, to change their perceptions. Calls for Europeans to take their fate in their own hands are getting louder. But Europe is strongly dependent on the US, militarily, geopolitically and economically. That's why it's not easy for it to stand on its own feet. That was made painfully clear by the collapse of the Iran Nuclear Deal and, in many respects, by the refugee crisis. The US is the limit of Europe's freedom. Does the European goddess of fate, Fortuna, still feel at home in the US? Becoming master of one's own fate is easy to talk about, but not so easy to achieve.

Germany's European inertia

In Germany's stance towards Russia, on the other hand, currently a single word dominates: "sanctions". Russia is of fundamental geopolitical and strategic importance for Germany. Obviously, Germany heavily depends on Russian energy, a security policy without stable relations between the two countries is therefore inconceivable. After the Cold War, Helmut Kohl's government was determined to integrate a still fragile Russia in the European and Transatlantic community.

In the early 2000s, Gerhard Schröder and Vladimir Putin cultivated a "bromance" and German-Russian relations were characterised by close cooperation at many levels, including civil society. Subsequently, however, the relations cooled, especially after the Crimea crisis. Since then, the German debate on Russia has focused on "sanctions" or "no sanctions". Alternative ideas would be urgently necessary, given Russia's importance, but there is no sign that is going to happen any time soon.

Germany and France are the engine of the European Union. But to the disappointment of many, this engine is faltering. A German science manager expressed her dismay as follows: "Emmanuel Macron has ten new ideas every day, but Germany doesn't react." People expect Germany to take the lead in European integration. Such leadership must look to the future, not dwell on the status quo or even the past. Thinking about the future requires new ideas, but insisting on the status quo just keeps Europe running on the spot.

Sinophobia in Europe?

It remains to be seen whether European integration should aim at a German Europe or a European Germany. In his book, Professor Ludger Kühnhardt of the University of Bonn remarks: "Recently, a central European ambassador complained that he could no longer stand all the talk of Europe among the German classe politique. He was starting to find it threatening when his German neighbours in Berlin continued to insist that they were in favour of Europe and wanted more Europe—without any interest in hearing what others in Europe thought about it, or how they hoped to construct this shared Europe." Germany should supply Brussels with European ideas and initiatives, not approaches based solely on its own interests. It's a big challenge, but Berlin has to pick up the gauntlet!

A European perspective necessarily includes the global dimension, which is characterised by diversity. That also applies to Sino-German relations. There have been successes and achievements, made possible by close exchange in politics, economy, culture, education and civil society. But the richer and more multidimensional the relations are, the more complex and diverse they become.

Mutual relations, which have stumbled now and again of late, must be established on a firmer footing. The Chinese public has the feeling that the German media provide a distorted view of their country. Their reports on China are predictably negative or out of touch. Some even talk of a "demonisation" of China. Why does the German media portray China in such a bad light, when China presents only a positive view of Germany? There is thus an enormous discrepancy between public perceptions in the two countries.

I have often been told that there is Sinophobia in Europe. China supposedly strives for hegemony using economic development. Allegedly, China is Europe's systemic adversary. In her opening statement, new Commission President Ursula von der Leyen declared that "some [countries] are turning towards authoritarian regimes, some are buying their global influence and creating dependencies by investing in ports and roads. And others are turning towards protectionism. ⋯ [Europe] want[s] multilateralism ⋯ [and we] have to do it the European way".

Her words imply a politicisation of normal economic activities and attribute perfectly normal economic relations to rather sinister motives. Of course, Europe has to do things in its way. But that does not mean that it is the only possible way. Otherwise, how credible could its professed multilateralism be? Europeans' classical wisdom has it that "all roads lead to Rome". There is more than one way, in other words. From a Chinese standpoint it goes without saying that China goes its own way. The population's rising prosperity shows that its way has worked.

China and Germany: a mutually beneficial relationship

As export nations, China and Germany are bound in a comprehensive strategic partnership, characterised by mutual political trust. The visits by the two countries' heads of state and government tell their own story. Chinese president Xi Jinping has visited Europe a number of times, meeting Chancellor Merkel at many international conferences. The chancellor has been in China a dozen times and the Chinese prime minister is a regular visitor in Germany. Government consultations have been taking place since 2011. These have led to numerous cooperation agreements and are clearly driving bilateral relations. Sino-German relations have taken root, bloomed and born fruit within the framework of over 70 dialogue mechanisms, at all levels. There is a well-established community of interest between China and Germany with global responsibility. This contributes to both the well-being of their populations and the stability of world peace and growth.

The US-instigated trade war has harmed not only the Chinese and American economies, but also the global economy. The system of free trade has been turned upside down. China's response has been to open up its market even more. Many German firms that I have visited in China confirm that Chinese market is still more profitable than others, even though it has become more complex. In 2018, the volume of trade between China and Germany reached 199. 3bn. That made China Germany's main trading partner for the third year in a row. And Germany is China's most important trading partner in Europe by far.

Civil society exchanges, unburdened by political conflict, are flourishing, based on mutual admiration and attraction. At present, there are 37000 Chinese students and over 1000 Chinese researchers in Germany. More than 1300 higher education agreements have been concluded. For German students China is the most popular destination for study abroad, apart from Europe and the US. Young students base their choice on expectations for the future, which makes it a barometer of bilateral relations. A student from Bavaria told me that "the way people live here in China and what they study at university is different than in Germany. But although it's different, I don't find it strange. I'm not worried about it; in fact, it makes it more attractive. I find it all so fascinating".

The world is undergoing profound change. Unilateralism and protectionism are putting the existing world order at risk. China and Germany need to champion multilateralism together. This requires mutual trust and strong cooperation at all levels and in all areas. China's economic and technological progress is challenging Germany and competition is increasing. But such competition is no reason to fear. Rather it's an encouragement to raise one's own game. Every entrepreneur knows that competition is good for business.

A foreign policy for the 21st century

With the Trump administration fanning the flames, foreign

policy has been engulfed by a nationalist revival and egoism. The global order established so painstakingly after the World War II is being disrupted, along with the very idea of multilateralism. Our world has clearly become more turbulent and insecure. Since 2015, Europe has come under particular pressure from the refugee crisis. Diplomats have been putting out fires all over the place. Foreign policy cannot go on like this. It needs to move away from day-to-day thinking and rather deliberate fundamental ideas with an eye towards the future. Germany is known throughout the world for its thinkers and its foreign policy needs a philosophy. Without one, it's hard to imagine it playing a leading role in the EU and assuming its global responsibility.

The notion of civil power was once a European achievement. In the meantime, it has almost been forgotten. In the European and German debate, a trend towards the militarisation of foreign and security policy has pushed it aside. But it's a civil, cultural and social Europe that commands the world's respect and admiration. That is what people look up to, not a military Europe. The philosophy underlying German foreign policy, based on Kant's perpetual peace, needs to guarantee a space adapted to our times—whether it sounds realistic or not. Even looking for a utopia can help in reaching this goal. History has shown this time and time again. Trying to ensure peace and security with more weapons and ever more imposing military exercises is a fool's game.

Human rights have come to be a universally accepted good in international politics. Providing assistance to defend human rights deserves merit. Alleviating the suffering of refugees or helping underdeveloped countries to stand on their own feet deserves the utmost respect.

But championing human rights abroad can easily slip into power political interference and ideological paternalism. In formerly colonised countries in particular this invokes mistrust and resentment. Probity and credibility in foreign policy become less certain when self-interest has to assert itself. It is becoming increasingly difficult to reconcile protecting human rights with the rights of one's own citizens, and with security and stability. The refugee crisis is one example.

Foreign policy's ongoing task is to help Germany find its bearings in the new world order, transatlantically, in Europe and globally. In the West, the tried and trusted friend America is not what it was. In the East, the Soviet Union-Europe's traditional foe - has morphed into Russia. China has changed from trading partner to economic partner and rival. On its own doorstep, Germany needs to come to terms with France on a whole series of European issues. In central and eastern Europe, the shadow of history must finally be lifted. This will not be easy. Germany needs to find its way at a time when the multilateral world order is faltering and foreign policy egomania is rampant. But the post-war order continues to develop. This time Germany must help to shape it, self-confidently open to the world and eyes fixed firmly on the future.

(Source: International Politics and Society, https://www. ips - journal. eu/regions/europe/article/show/a - chinese - perspective-on-german-foreign-policy-3922/, 05. 12. 2019)

Europe Shouldn't Judge China on grounds of "Intelligence Reports"

The EU has recently made several statements about its relations with China. Josep Borrell, High Representative of the European Union (EU) for Foreign Affairs and Security Policy, published an article on several European newspapers accusing China of trying to exploit differences of opinions among the 27 EU member states for its own ends, divide and rule the Europe and seek its own version of multilateralism.

The worry about being divided and ruled by a foreign power is like a nightmare haunting the EU. As Borrell said, "Developing a joint approach to superpowers is never easy for the EU." Indeed, the EU has never eased its vigilance against Russia and the US, especially as Washington has blatantly divided it into the old and the new Europe without hiding its intention of making sure that there would not be a continent sharing a common international telephone area code. The EU has been used to Washington's secessionist tricks, so its unease about Beijing's growing presence in recent years is but a natural reaction.

But the EU must recognize that not every exotic presence is a threat to European unity. China's rise is a peaceful process not backed by armed forces, and this development model is unique for that it doesn't rely on war. Instead of accusing China of proposing the "17 + 1" initiative that is misunderstood as Beijing's attempt to divide Europe, the EU could try to take part in the initiative and coordinate with all parties to see what comes next. At the same time, the current situation seems to indicate that Brussels needs to be more vigilant against secessionist forces from within.

Borrell mentioned that both China and the EU are devoted to promoting multilateralism, but our approaches on multilateralism differ. He considered that China practices a selective multilateralism with itself at the center, but didn't elaborate on what EU's multilateralism means. He emphasized Brussels' divergences with Beijing over human rights, cyber security, and other subjects while also showing disapproval to much of Washington's performance.

It's clear that the disappointment with Washington, anxiety about Beijing, and unease about Moscow have put Brussels in a predicament of self-positioning.

Logically speaking, multilateralism should be essentially

mutual and reciprocal. No party should imagine that it could unilaterally draw a line and delimit other parties' territory on that basis-which is self-centered hegemony and caprice. The EU shouldn't hold such a stance, nor should it keep itself in a state of disappointment, anxiety, and unease.

As the COVID-19 pandemic is ravaging the world, Washington seems to be bent on doing two things only—not focusing on the epidemic prevention and control at home, and fabricating and peddling its stigmatization of the Chinese, which intends to hold China accountable for the COVID-19 pandemic and demand compensation from China for losses incurred from the coronavirus pandemic. The hysterical remarks by certain American politicians remind us of how the Europeans brutally and crazily blamed the Jews for the Black Plague in the Middle Ages, which was a historic crime against humanity under the pretext of religion.

The severer the epidemic becomes, the more obsessed some Americans are with using the accountability theory, and to impose pressure on the EU in an attempt to jointly oppose China. Some people have bought Washington's story and followed its lead. Still, the mainstream circle in Europe, knowing very well that absurd and cruel Medieval period in European history, sees through its ulterior motives.

While Washington blamed the WHO and cut off US funding to the WHO, Europe expressed its resolute support for the health organization and condemned Washington for its actions. Reasonable thinking remains the dominant ingredient of China-Europe relations. We've also noticed that Brussels is urging the international community to investigate the pandemic. A scientific and comprehensive investigation, which will help the countries respond to other possible future pandemics in more timely and effective manners, is in the interest of the whole mankind.

At the virtual 73rd World Health Assembly on May 18, Dr. Tedros Adhanom Ghebreyesus, Director-General of the World Health Organization, said, "We will only halt COVID-19 through solidarity. " He also pledged to initiate a WHO-led, independent and comprehensive evaluation at the earliest appropriate moment to review experience gained and lessons learned and to make recommendations to improve national and global pandemic preparedness and response.

It would be wise for European politicians to learn more facts about China rather than rely on the intelligence reports that always highlight threats or potential threats from the Asian country, especially when they come from Washington.

It would also be beneficial for experts in EU think tanks to have a more comprehensive understanding of China and its relation with Europe rather than indulge in scenario deduction and use the "surprising results" to startle politicians and the public.

Furthermore, China and Europe could hold more solid and systematic exchanges of ideas and information as their understanding of each other lags behind bilateral demands for economic and social interactions and is barely able to offer any constructive advice on top-level decision making.

While the US is evading its global responsibilities in big strides, China and Europe are shouldering greater responsibilities for humankind's survival and well-being. We'd better work together more closely, deeply and comprehensively, hold up high the banner of sustainable and human-centered multilateralism, and offer our shared aspiration for lasting peace a historic opportunity to become a reality.

(Source: The Brussels Times, https://www. brusselstimes. com/opinion/114859/europe - shouldnt - judge - china - on - grounds-of-intelligence-reports/, 03. 06. 2020)

Mit Masken macht man doch keine Politik

—Statt über globale Abhängigkeiten zu lamentieren, sollte die Welt an einem Strang ziehen

Die chinesisch-europäischen Beziehungen sind derzeit in aller Munde. Ein heißes Thema ist, dass Europa, um die eigene Sicherheit nicht zu gefährden, wirtschaftlich nicht von China abhängig sein sollte. „Lege nicht alle Eier in einen Korb" isteine allgemeine Weisheit jedes Geschäftsmannes. Dass aber nun plötzlich aus einem Antiviruskampf eine Welle der Anti-Abhängigkeit entstanden ist, gibt Anlass zum Nachdenken.

Ist unsere heutige Welt nicht gerade geprägt davon, dass wir von Land zu Land miteinander verbunden sind und durch das gemeinsame Schicksal aufgrund des Klimawandels voneinander abhängig sind? Tatsache ist, dass wir alle auf demselben Planeten leben, dass dieser Planet nun langsam an die Grenze seiner Tragfähigkeit gelangt und dadurch Naturkatastrophen sowie Epidemien immer häufiger die Menschheit heimsuchen werden.

Dagegen braucht die Welt gemeinsame Lösungen unter

Einschließung aller Länder. All das verlangt eine enge Zusammenarbeit und ein globales Engagement. Die Vorstellung, dass beispielsweise mit einem Exportstopp von Masken andere Länder abhängig gemacht werden könnten und die momentane Krise für den Ausbau geopolitischer Interessen oder zur Ablenkung vom eigenen verfehlten Krisenmanagement ausgenutzt werden kann, ist weder politisch verantwortlich noch wirtschaftlich vernünftig oder aus humanitärer Sicht vertretbar.

Erstens ist wirtschaftliche Abhängigkeit keine Eigenheit Europas. Alle Länder in der globalisierten Welt sind davon betroffen, auch China und die USA. Der Versuch mancher Politiker, die Abhängigkeit der westlichen Länder als eine von China ausgehende Gefahr zu konstruieren und diese Schuld China zuzuschreiben, zeigt jedoch nichts anderes als Ignoranz gegenüber der historischen Realität.

Schon im 18. Jahrhundert forderte Immanuel Kant die Menschen auf, sich aus der selbstverschuldeten Unmündigkeit zu befreien und den eigenen Verstand zu entfalten. Vernunft heißt es besonders in der Krise zu bewahren. Für Europa gilt, dass eine wirtschaftliche Abhängigkeit niemals aufgezwungen, sondern eine selbst verursachte Entwicklung ist. Tatsächlich entwickeln sich alle Länder hin zu mehr globaler Abhängigkeit - ein

Prozess, der sich ursprünglich von Europa aus, dank der Indus-
trialisierung, in die ganze Welt verbreitet hat.

Zweitens sollte man nicht Arbeitsteilung und Abhängigkeit
miteinander verwechseln. Blickt man auf die Menschheitsge-
schichte, findet Warenhandel zwischen verschiedenen Orten
schon seit geraumer Zeit statt. Dieser wird nun immer mehr von
interregionaler Produktionsteilung begleitet, die durch die In-
dustrialisierung massiv institutionalisiert worden ist. Dies wurde
mit Hilfe von Adam Smith als kanonische Grundlage der Narra-
tive für wirtschaftliche Modernisierung zum allgemeinen Grund-
wissen gemacht. Die Freiheit der Menschen geht mit der Han-
delsfreiheit Hand in Hand.

Zu diesem Grundwissen gehört auch, dass die interregion-
ale und internationale Arbeitsteilung eine Interdependenz be-
deutet; beide Erscheinungen sind voneinander so untrennbar
wie das Wasser von Wasserstoff und Sauerstoff. Man kann nicht
das eine haben und das andere ausschließen. Klar ist auch: Je
stärker ein Land in der Weltwirtschaft mitwirkt und davon profi-
tiert, desto fester ist es an globale Produktions- bzw. Handels-
ketten gebunden und daher auch abhängiger von der Welt als
„Netzwerk".

Drittens teilt die globale Arbeitsteilung die Welt in der Tat in die eine „ aktive " Welt als Initiator, Erfinder, Investor, High-End-Produzent und Hauptprofiteur der Globalisierung, die andere „ reaktive ", „ passive " Welt als Rohstofflieferant, Absatzmarkt, Low-End-Produzent und oft als Hauptverlierer der Globalisierung ein. China gehört zu den Ländern, die sich in den letzten Jahrzehnten im Rahmen bestehender Ordnungen von einem passiven Teilnehmer der Weltarbeitsteilung allmählich zum aktiven Mitgestalter entwickelt haben.

Indem die Industriestaaten von der chinesischen „ Werkstatt der Welt " profitieren, kommt auch ihnen die gegenseitige Abhängigkeit zugute. China verdankt sein Wachstum der Wechselbeziehung mit der Welt. Gleichzeitig kann das globale Wirtschaftswachstum in den letzten Jahren zu 30 Prozent auf China zurückgeführt werden. Diese gemeinsam von allen Beteiligten gewollte und gutgeheißene Abhängigkeit schafft Reichtum und Wohlstand, im Großen und Ganzen zum Wohl aller - bis die Coronavirus-Krise kam.

Es wird seither viel Alarm geschlagen, dass beispielsweise Europa in der Bekämpfung des Coronavirus von chinesischen Schutzmaterialien gefährlich abhängig sei, was strategisch geändert werden müsste. Strategische Produktion zurück nach Europa, also „ nach Hause ", zu holen, ist zweifellos weise und

auch möglich. Aber dies lässt sich langfristig schwer durch-
setzen, wenn es Sektoren betrifft, in denen die Rohstoffe von
anderen Kontinenten kommen. Personalkosten, Produktionskos-
ten und Marktentwicklungen sowie andere Faktoren werden nach
wie vor eine nicht zu unterschätzende Rolle spielen.

Das einzelne Land kann sich nicht wirklich von anderen
Ländern unabhängig machen. Altbundespräsident Roman Herzog
wies bereits in den 90er Jahren des letzten Jahrhunderts auf die
interdependente Globalität der Welt hin. Will man sich in Hin-
sicht auf Arbeitsteilung wirklich ins vorindustrialisierte Zeitalter
zurückversetzen? Kann man das überhaupt? Was wichtig ist,
gerade in Krisenzeiten, ist bessere Kommunikation und Koordina-
tion zwischen Ländern, losgelöst von allen Vorurteilen,
Missverständnissen und Schuldzuweisungen. Vor allem das Wir-
handeln-gemeinsam-Gefühl ist ausschlaggebend für die Bekämpfung
des Virus-des gemeinsamen Feindes der Menschheit.

Nicht China ist das Problem, sondern die Pandemie, die
alle Länder der Welt betrifft und nur gemeinsam von allen
Ländern bekämpft werden kann. Ein Gespenst an die Wand zu
malen, gleicht dahingegen einer Selbsttäuschung und dient oft
auch einer politischen Ablenkung vom eigenen Missmanagement
wie im Fall des US-Präsidenten Donald Trump. Logisch wäre es

einzusehen, dass die Corona-Pandemie die Welt so massiv be-
troffen hat, dass kein Land vorgewarnt und ausreichend vorberei-
tet sein konnte.

Der deutsche Virologe Christian Drosten stellte schon früh
fest, dass man viel improvisieren müsse, um das Virus
einzudämmen, da noch zu wenig Wissen vorliege. Es ist deswe-
gen nicht vermeidbar, dass es in der Begegnung mit der Jahrhun-
dertkrise des Coronavirus hier und da etwas chaotisch zugeht. Es
ist ein für alle Länder nie dagewesener Lernprozess, der Trans-
parenz verlangt. Deswegen ist es in der Politik keine Schande
zuzugeben, Fehler gemacht zu haben. „Fehler sind menschlich"
lautet eine gängige deutsche Weisheit. Die Coronavirus-Pande-
mie ist ein Lernprozess, an dem wir alle beteiligt sind.

In der Krise sollte man auch positiv und anders denken
können, vor allem in der Politik: Wäre es nicht doch ein
Glück, wenn Materialien aus dem Ausland geliefert werden
könnten? Könnte so eine Abhängigkeit nicht eine Rettung sein,
ganz gleich aus welchem Land sie käme? Auch China war vor
allem zu Beginn stark abhängig von Materialien aus dem Aus-
land. Viele Länder haben geholfen. Man ist dankbar.

Viertens ist die Coronavirus-Pandemie eine akute Gefahr
für alle Länder. Gemeinsame Kraftanstrengungen sind das Ge-

bot der Stunde, um das Virus einzudämmen und das soziale sowie wirtschaftliche Leben wieder zu beleben. Es geht um Leben und Tod für die Menschheit. Die Länder mit mehr Ressourcen und Erfahrungen tragen besondere Verantwortung, gemeinsam gegen das Virus vorzugehen und den struktur- und ressourcenschwachen Ländern bei der Virusbekämpfung und Wirtschaftsstabilisierung zu helfen.

Hier sind China und Europa besonders verpflichtet, natürlich auch die USA, die leider ihre internationale Verantwortung im Kampf gegen die Pandemie bis dato nicht wahrnehmen wollen. Die Welt braucht jetzt mehr Solidarität. Stattdessen aber aus der Krise einen destruktiven Systemwettbewerb oder ein Schwarzer-Peter-Spiel zu machen, ist verantwortungslos, auch wenn es laut dem politischen Realismus logisch klingt.

In dem Moment, wo tausende Menschen wegen des Virus sterben, noch von eigener Systemüberlegenheit zu sprechen, ist zynisch. Vor der globalen Gefahr durch das Virus sollten sich der überzogene Nationalstolz und die Systemarroganz schämen. Auch in China hört man nationalistische Stimmen, aber nicht jede Stimme aus China ist eine Stimme Chinas. Ich sehe viele Bürger in meiner Stadt Shanghai Schlange stehen, um Pakete mit Masken an Adressen im Ausland zu schicken. Viele Bürger und Unternehmen hier organisieren Spenden für andere vom Coronavirus schwer betroffene Länder, einschließlich europäischer Länder. Der seit Jahrzehnten angesammelte Wohlstand hat die Menschen hier in die Lage versetzt, internationale Solidarität durch Spenden zum Ausdruck zu bringen. Nie waren Chinesen individuell so global engagiert.

Die Behauptung, dass China die sogenannte „ Masken-diplomatie" ausnutze, um politische Interessen auszubauen, ist eine unwürdige Unwahrheit, insbesondere gegenüber den engagierten Bürgern in diesem Land. Es ist auch naiv zu glauben, mit Masken internationale Politik betreiben zu können. In Zeiten des Coronavirus gilt als das höchste Ziel der Politik in China und Europa, gemeinsam Menschen vor der Gefahr der Pandemie zu schützen-vor allem in Afrika, wo eine katastrophale Verbreitung des Virus vorhergesagt wurde-und der Weltwirtschaft wieder auf die Beine zu helfen. Die Krise ist so ernst, dass sie Europa und China zur Zusammenarbeit verdammt.

(Quelle: Internatonale Politik und Gesellschaft, https://www. ipg-journal. de/regionen/global/artikel/detail/mit-maskendma-cht-man-doch-keine-politik-4411/, 12. 06. 2020)

后 记

疫情与中欧中德关系的未来①

　　2020 新冠病毒疫情肆虐全球,改变着中国,改变着欧洲,也改变着世界,更是对国际秩序和国际关系产生了深远的影响,引起了整个世界格局的"并发症",使得国际关系中存在的矛盾和冲突变得愈发强烈。中美贸易摩擦背景下,民粹主义、保护主义、孤立主义、逆全球化思潮兴起,中欧关系似乎又一次走到了十字路口。在新冠疫情全球大流行时刻,一个热门看法认为,欧洲经济过于依赖中国,已威胁到欧洲的安全,也因此呼吁欧洲应减少对中国的依赖,增强欧洲经济自身的独立性。其实,"不把所有的鸡蛋放在一个篮子里",这是商界常识。突然将一场抗击病毒的斗争转变为一波反全球化、反依赖的浪潮,这倒值得我们深思。

---

　　① 后记由《病毒肆虐,全球化意外"躺枪"》《疫情激发欧盟强烈生存意志》《各国相互"依赖"也是一种拯救》三篇文章整合而成。这三篇文章曾发表在 2020 年 2 月 14 日《环球时报》、2020 年 5 月 6 日《环球时报》以及德国的《国际政治和社会》(*Journal für Internationale Politik und Gesellschaft*)杂志上,此处略做修订。

病毒肆虐，全球化意外"躺枪"

反对全球化的人在"抗疫"斗争中找到了新论据，他们声称是全球化加速了病毒传播。而且，新冠肺炎疫情的暴发将减缓全球化前进的速度，有人甚至预测疫情会进一步推动中美等主要国家之间的关系"脱钩"。这些"脱钩派"们不仅仅关注着贸易和科技的切割，还炮制着与疫情密切相关的各种说法，急迫地要为灾难找到"凶手"。

全球化促进了不同地区或国家之间的交流与互动，病毒的传播自然与此有关，只要有流动就有传播，但因此就把全球化视为疫情的罪魁祸首却十分偏执，起码经不起事实的验证。纵观历史，病毒始终与人类为伴，与人类一起塑造着文明的进程和形态。史学研究表明，欧洲文艺复兴与中世纪肆虐欧洲的黑死病密不可分。那场发生在 1347 年的瘟疫几年内夺走了欧洲约 2500 万人的生命，相当于当时欧洲总人口的 1/3，人们对此束手无策，甚至把犹太人当作施毒致疫的罪魁烧死"消毒"。尽管当时犹太人中也有人患病身亡，但失去理智的人不相信犹太人是无辜的。这次黑死病疫情成为人类至今有记录的危害最大的一场瘟疫，也是空前的人类自我残杀。这些都发生在全球化时代到来以前。

除了"躺枪"的全球化，还有不少奇特的观点冒出来。有欧美媒体忙不迭地把病毒和"中国制造"扯在一起，更有甚者打出"亚洲病夫"的标题。欧洲历史上早有"疾病阴谋论"的先例,14 世纪黑死病肆虐时期,饱受折磨的人们不相信孕育灾难的温床恰是当时欧洲城市糟糕的生活环境和卫生条件,而相信病毒来自他者,来自遥远的东方:或是中国,或是中亚,或是印度。尽管到现在也没有确凿科学证据证明病毒来自中国,但那些说法却如病毒般顽固地流行,一些甚至已经进入教科书,堂而皇之地变成了常识。15 世纪侵染欧洲君王和贫民的梅毒在欧洲各国被叫作"法国病",或是"意大利病",或是"英国病""德国病""波兰病",五花八门,但共同的一点是都拿他国的名称来称呼梅毒,用现在的话说就是"地域黑"。

　　疫情是人类共同面对的灾难,需要各国共同应对,中国正在进行的"抗疫"斗争是在为人类免受疫祸坚守着第一道防线。并不是全中国都在遭受疫情侵害,除了湖北地区,中国各地主要是防止疫情扩散,比如在上海,市民受到传染的可能性大致是十万分之一,人们严阵以待,但生活仍然在继续。历史上一再出现的各类重大疫情表明,人类的命运息息相关,以邻为壑不可取,多边合作才是解决问题的根本之道,制度层面的全球化是人类保护自身社会进步的基石,世界卫生组织是全球化时代人类共同抵御疾病的大厦,在抗击 SARS、中东呼吸综合征及埃博拉等重大疫情中发挥了重要作用。人们也应看到,一些国家的政客及媒体落井下石,拿疫情做文章,大肆发挥种族主义的想象,有意无意地在把防疫隔离变成"隔离中国",这些都与理性背道而驰。

疫情激发欧盟强烈生存意志

新冠病毒疫情加速了欧盟的危机,也给欧盟提供了走出危机的历史机会。整体上看,若把欧洲至今的抗疫过程分为上下场,可以说,上半场疫情把欧盟推到了生死存亡的边缘,下半场欧洲正在惊醒,有可能起死回生。

27 个欧洲国家组成的欧盟在疫情到来之前就已陷入历史空前的危机:英国的脱离给联盟带来了剧烈的创伤,不仅给欧盟的预算捅了个大窟窿,而且也激起了对欧盟价值的怀疑。2 月底 3 月初疫情在欧洲暴发,这拷问着欧盟的应急能力和存在意义,而此时的欧盟没有发出灾难来临的预警,没向意大利等重灾求救的国家伸出援手,没能有效应对成员国之间封锁物资、关闭边界的混乱局面。笔者在与欧洲学者交流中一再听到失望的声音:大疫肆虐,大敌当前,布鲁塞尔不见了,疫情或可成为欧盟棺木的钢钉。一位德国知名作家说,早就看到疫情危险,但欧洲就是视而不见,没有做好准备,甚至在疫情出现后缺乏防疫物资,缺乏检测工具,"政治家们太幼稚"。看到中国采取大规模果断措施抗击疫情,欧洲还认为,威胁只是在遥远的东方发生,甚至认为中国的防疫措施可能"用力过猛"：不应该封城限制人们的行动自由，没必要人人戴口罩，不能用大数据协助防控，不应引起人们的恐慌。直到2月初，还有权威的欧洲研究机构和专家相信，新冠病毒的危险度远低于流感。在即将离去的英国，情况更有戏剧性。近日，《星期日泰晤士报》刊文历数英国首相约翰逊抗疫失误事例：5次缺席国家危机指挥部讨论新冠病毒问题的会议；政府一再拖延采取应急措施的时机；在专家警告灾难即将降临大不列颠的时刻，首相竟然在安心度假。该报称，在1月专家发出预警和3月政府采取应急措施之间的38天里，政府"梦游了"。欧盟危机事务专员莱纳尔契奇（Janez Lenarčič）4月初对媒体表示：欧盟曾在1月底召开新闻发布会，通报相关情况，但没引起关注，当时媒体的注意力都集中在土希边境难民危机事件上了，"没人想到疫情会那么大规模地蔓延到欧洲"。可以说，抗疫上半场欧盟措手不及，尽管原有的危机早已被看到，但仍是突如其来的疫情将欧盟推入了生死之地。

疫情暴发让欧洲遭受了"致命一脚"，慕尼黑安全会议主席伊申格尔形容疫情对欧盟就是生存问题，"不仅要救人，还要救欧盟"。危急关头法德轴心在磨合中发挥作用，马克龙总统一如既往地善于振臂高呼，欧洲处于"真理的时刻"，要有更多的雄心和更大的勇气，为欧洲奠定新的基础，迎接"幸福时光"的到来；默克尔总理则理性冷静，表示欧洲抗疫和恢复经济需要财政支持,德国准备为此"做出显著贡献",欧洲在危机时刻要团结一致,展现出一个"命运的共同体"。观察家们称,法德两国和它们的领导人如此不同,但它们又能这样不情愿地互补合作,恰恰不情愿的合作可能更是成熟的合作,这是欧盟生存下来的基础,也是德法实现其全球影响力的前提。如果说疫前的欧盟更多时候是个"好天气俱乐部",疫后的欧盟则要历练出承受暴风骤雨的生存能力。生存还是死亡不是个问题,活下来才是关键。如果把 2020 年 4 月 24 日欧盟峰会通过的一揽子拯救计划看作是欧洲抗击疫情下半场的开始,5400 亿欧元的投入不仅仅是个财政和经济问题,也象征着欧盟强烈的生存意志在萌发。

疫后的世界格局将更加纷繁复杂,无论愿意与否,更为猛烈的大国之争势必波及欧洲,自身的利益和悠久文化的骄傲让欧洲难以顺从任何一方,生存并在大国纷争中发挥"中间人"的作用,已经是布鲁塞尔和主要成员国首都越来越热议的话题。或许,世界的和平真的需要一个作为中间人的欧洲,而这一定是一个团结和有力量的欧洲。欧盟的政治和社会精英们需要清晰地意识到并紧紧抓住疫情危机给予欧盟起死回生的历史机会。这个历史机会可能很短,可能随着疫情的结束便消失不见,可能危机一过一切就又回到喋喋不休的从前。

各国相互"依赖"是一种拯救

今天,我们生存的世界难道不就是各国人民相互联系、相互依赖吗?事实是,我们生活在同一个星球上,它正在慢慢达到其可持续性的极限,自然灾害和瘟疫越来越影响人类,气候变化最终也会让人类命运休戚与共。

首先,世界需要包括所有国家在内的解决全球性问题的共同方案,需要各国密切合作和全球参与。全球化进程中,所有国家都是相互依赖的,包括中国、美国和欧洲国家。对中欧双方而言,经济依赖从来都不是被迫的,而是自然而然的发展结果。实际上,所有国家都在朝着更加相互依赖的方向发展。这是一个过程,最初源于工业化的欧洲,而后传播到整个世界。

其次,不要混淆分工和依赖性。回顾人类发展史,不同地方之间的货物流通由来已久。现在越来越多地伴随着区域间生产分工,而工业化使得这种分工得到大规模的机构化和制度化。亚当·斯密的经济学理论已经使之成为经济现代化叙事的经典。人的自由同样如此,它与贸易自由形影不离。

再次,区域间分工和国际分工意味着相互依存。这两种现象彼此不可分割,如同水由氢和氧两种元素构成一样。人们不可能拥有一个而排除另一个。同样显而易见的是,一个国家参与全球经济越深,受益于全球经济越多,它与全球生产链和贸易链的联系就越紧密,也就更加依赖世界这样一个"网络"。

最后,全球劳动分工确实已将世界分为一个"主动的"世界和一个"被动的"世界。"主动的"世界是全球化的发起者、发明者、投资者、高端产品生产者,通常也是全球化的主要受益者;"被动的"世界则是原材料供应者、销售市场、低端产品生产者,通常也是全球化的主要失败者。而中国属于过去几十年中从全球劳动分工体系中的"被动参与"逐步发展为"主动建构"的国家之一。

此过程中,工业化国家受益于中国这一"世界工厂",也就受益于国家间的相互依存。反过来,中国的发展也得益于与世界的互动。近年来,约三成的全球经济增长归因于中国。这种依赖关系是每个参与国都希望得到并认可的,因为它创造了财富和繁荣,而且总体上造福了所有人。

在危机时期,各国应摒弃偏见、误解,不相互推诿、指责,更好地沟通和协调,齐心协力,用共同的行动来抵御对人类造成共同威胁的病毒。

中欧注定要携起手来,越快越好

人类必须认识到,新冠病毒大流行是对所有国家的严重威胁。携手应对已成为遏制病毒及恢复社会和经济生活的当务之急。这关乎人类的生与死。拥有更多资源和经验的国家负有共同的责任，应共同采取行动抗击病毒，并帮助结构较弱和资源贫乏的国家与病毒做斗争，帮助它们恢复并稳定经济。

中国和欧洲在这方面负有特殊责任，美国当然也有特殊义务，不幸的是，美国还不太愿意承担这一国际责任。世界现在需要更多的团结。相反，用传统的国际关系思维模式来搞利益之争、制度之争、意识形态之争实在不合时宜，将危机变成具有破坏性的系统竞争或者寻找替罪羊的游戏更是不负责任的，即使这从政治现实主义的角度来看似乎是合乎逻辑的。

当一些国家成千上万的人因感染病毒丧命时，政府还沉迷于自我标榜，这是玩世不恭的。在病毒造成的全球威胁面前，民族自豪感应适可而止。在中国会听到很多声音，也有一些带有民族主义色彩的声音，但并非每个来自中国的声音都是中国的声音。我在我所生活的上海看到许多市民在快递公司门口排起长队，向国外邮寄各类防护物资。许多民众和企业组织捐款，为包括欧洲国家在内的疫情严重的国家采购防疫物资。中国人数十年来积累的财富使得他们有能力表达他们的国际团结。中国人从未像今天这样如此深入地为全球贡献力量。

新冠疫情下,中欧双方的最高政治目标应是保护民众免受病毒威胁,尤其是在医疗资源薄弱的非洲,并助力全球恢复经济生产。这场危机如此严重,中欧注定要携起手来,越快越好。

图书在版编目（CIP）数据

欧洲与德国新挑战 / 姜锋著 . —— 北京 : 商务印书
馆 , 2020
ISBN 978-7-100-19060-2

Ⅰ.①欧… Ⅱ.①姜… Ⅲ.①政治—欧洲—文集②政
治—德国—文集 Ⅳ.① D75-53 ② D751.6-53

中国版本图书馆 CIP 数据核字（2020）第 173368 号

本书为教育部中外人文交流专项课题研究成果。

欧洲与德国新挑战

姜 锋 著

商 务 印 书 馆 出 版
（北京王府井大街 36 号 邮政编码 100710）
商 务 印 书 馆 发 行
上海雅昌艺术印刷有限公司印刷
ISBN 978-7-100-19060-2

2020 年 12 月第 1 版　　开本 889×1194　1/32
2020 年 12 月第 1 次印刷　印张 9¼

定价：68.00 元